MW01640365

Defiende tus derechos

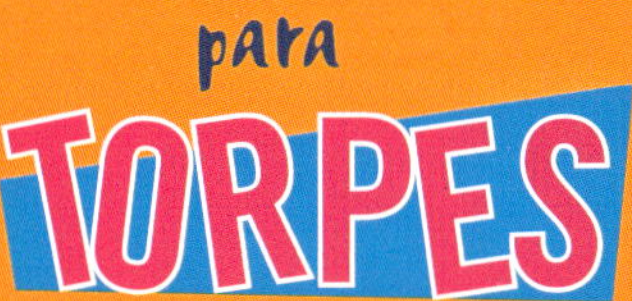

Paco Sánchez Legrán

DEFIENDE TUS DERECHOS

Reservados todos los derechos. El contenido de esta obra está protegido por la Ley, que establece penas de prisión y/o multas, además de las correspondientes indemnizaciones por daños y perjuicios, para quienes reprodujeren, plagiaren, distribuyeren o comunicaren públicamente, en todo o en parte, una obra literaria, artística o científica, o su transformación, interpretación o ejecución artística fijada en cualquier tipo de soporte o comunicada a través de cualquier medio, sin la preceptiva autorización.

© Copyright de los dibujos humorísticos: A. FRAGUAS "FORGES", cedidos los derechos a ANAYA MULTIMEDIA (GRUPO ANAYA, S.A.) para la presente edición.

© Copyright de las fotografías: © 2003-2011 Shutterstock Images LLC

© Copyright de los textos: Paco Sánchez Legrán.

© EDICIONES ANAYA MULTIMEDIA (GRUPO ANAYA, S.A.), 2012
Juan Ignacio Luca de Tena, 15. 28027 Madrid
Depósito legal: M.8.337-2012
ISBN: 978-84-415-3162-8
Printed in Spain

"A mi hijo Rubén, pues sin su ayuda este libro no habría sido posible"

"A todos los hombres y mujeres que están comprometidos en la acción de defender los derechos de los consumidores y usuarios, y especialmente a los que forman parte de FACUA – Consumidores en Acción".

Índice

Introducción

Podemos ser hombres o mujeres, trabajadores o empresarios, jóvenes o mayores, de derechas o de izquierdas, nos puede gustar un tipo de deporte u otro, pero todos y todas tenemos una cosa en común: somos consumidores y usuarios de productos y servicios.

Desde que nacemos hasta que morimos, en mayor o en menor cantidad, consumimos o utilizamos productos y somos usuarios de multitud de servicios y en muchas ocasiones lo hacemos de manera impulsiva o incitados por la publicidad, y en general consumimos por encima de nuestras necesidades reales.

En estos miles de actos de consumo que cada hombre o mujer realiza en su vida, podemos sufrir abusos o fraudes por parte de las empresas productoras o distribuidoras de esos miles de productos que se ofrecen en el mercado, ya sean alimentos, electrodomésticos, automóviles, muebles, vestidos, o cualquier otro. También podemos sufrir abusos por parte de las empresas que nos prestan esos servicios que utilizamos a diario como las telecomunicaciones, servicios financieros y suministros de electricidad o de gas, o en otros que utilizamos de manera más ocasional, como los viajes, hoteles, restaurantes y otros.

Para que podamos conocer nuestros derechos como consumidores y sin necesidad de tener conocimiento de leyes, ni de economía, te ofrecemos una amplia información para que puedas enfrentarte a esos abusos o fraudes que se producen de manera tan generalizada en el mercado.

A lo largo de las páginas de "***Defiende tus derechos***" encontrarás una amplia información sobre tus derechos y sobre lo que debes hacer cuando tengas un problema de consumo, ya sea relacionado con un servicio de telefonía, de suministro eléctrico y de gas, con los servicios de bancos y cajas, de las compañías aéreas, de los talleres de reparación de automóviles o de los seguros y te ofrecemos consejos sobre cómo defenderte y cómo reclamar ante los posibles abusos que puedas sufrir.

También encontrarás en el primer capítulo una detallada información sobre la herramienta más adecuada para defenderte de los abusos o fraudes: las asociaciones de consumidores, unas organizaciones ciudadanas de carácter privado y sin ánimo de lucro, que el artículo 51 de nuestra Constitución determina que serán fomentadas y oídas por los poderes públicos, para así ayudar a equilibrar los intereses contrapuestos existentes en el mercado, es decir para ayudar a los ciudadanos a defenderse frente a las empresas.

Para ofrecerte esta información rigurosa y amena sobre tus derechos como consumidor, se ha contado con asesoramiento de un equipo de profesionales cualificados, que forman parte de los gabinetes jurídico y de comunicación de FACUA–Consumidores en Acción, integrado por las siguientes personas:

- Rubén Sánchez García
- Olga Ruiz Legido
- Rocío Algeciras Cabello
- Jordi Castilla López
- Isabel Moya García
- Mª José Delgado Martínez
- Araceli González Maillard
- Juan Blanco Arellano

Cuanta más información tengamos los ciudadanos sobre nuestros derechos y obligaciones como consumidores, mejor podremos evitar que nos den gato por liebre, y mejor sabremos evitar esos abusos que de manera demasiado frecuente se producen en el mercado. Y también sabremos cómo defendernos y qué hacer cuando seamos víctima de un abuso o de un fraude, y aprenderemos cuándo y cómo se debe presentar una denuncia o reclamación ante las distintas administraciones públicas. Los medios de comunicación informan casi a diario de casos en los que los consumidores han sido víctimas de abusos o fraudes y posiblemente como consecuencia del bajo nivel de conocimiento que tenemos sobre nuestros derechos, en los últimos años se han producido abusos o fraudes que han afectado a decenas de miles de consumidores y que provocaron la intervención de las asociaciones de consumidores en defensa de los intereses económicos de los consumidores y usuarios afectados.

En 2002 se produjo el caso del cierre de las academias Opening que dejó a 90.000 consumidores sin los cursos que habían contratado a través de créditos bancarios y con la exigencia de los bancos de que debían seguir pagando dichos créditos aunque ya no recibieran los cursos. Posteriormente en mayo de 2006 se produjo el caso de Fórum y Afinsa, que provocó que unos 380.000 consumidores vieran *"perder"* sus inversiones en dichas empresas y en diciembre del mismo año, el cierre de la compañía aérea Air Madrid que dejó sin servicio a más de 120.000 consumidores que tenían comprados sus pasajes. Más recientemente, en 2009 las compañías eléctricas trataron de aprovecharse de que el gobierno había autorizado la facturación mensual para cobrarnos kilowatios hora consumidos en un mes en el que nos hicieron una lectura estimada más baja de la real, con una tarifa más alta al acumularnos dichos kilowatios no leídos en la facturación del mes siguiente en el que había entrado en vigor un aumento de la tarifa eléctrica. Afortunadamente y gracias a la intervención de algunas asociaciones de consumidores, dichas cantidades cobradas indebidamente tuvieron que ser devueltas. Éstos son algunos ejemplos de una situación que no debería producirse nunca y que los ciudadanos tenemos que combatir, asumiendo una actitud activa en defensa de nuestros derechos y para ello puede ser muy útil la información que puedes encontrar en las páginas de este libro y estar asociado en una asociación de consumidores.

Todas las tarifas y precios que aparecen en los distintos capítulos así como las normas legales que se citan en cada uno de los temas, son las vigentes en diciembre de 2011.

Las asociaciones de consumidores, tu fuerza

Las asociaciones de consumidores son entidades privadas sin ánimo de lucro, formadas por ciudadanos que se han unido para defender sus legítimos derechos e intereses, frente a los múltiples abusos y fraudes que se producen en el mercado y que en la actualidad funcionan en todas las provincias españolas.

Estas asociaciones están reguladas por el Texto refundido de la Ley General de Defensa de los Consumidores, que en sus artículos 22 al 39, define los fines, el funcionamiento y sus actividades, todo ello con el fin de cumplir el mandato de la Constitución Española de 1978, que en su artículo 51 establece entre otras cosas, que los poderes públicos deben garantizar la protección de los derechos e intereses de los consumidores y usuarios y deben fomentar a las asociaciones de consumidores como elemento que pueda ayudar a equilibrar el mercado.

Los defensores a ultranza del liberalismo económico argumentan que el mercado garantiza por sí solo la distribución de la riqueza a través de la oferta y la demanda, y sin embargo la realidad demuestra que el mercado por sí solo favorece a los más poderosos y perjudica a los más débiles.

Por esa causa, la Constitución Española parte del principio de que el mercado por sí solo no genera ni igualdad, ni respeto de los derechos de la parte más débil, es decir de los consumidores, y por ello el Estado tiene la obligación de intervenir para regular y equilibrar y en la medida de lo posible para garantizar una más justa distribución de la riqueza.

Por ello, las asociaciones de consumidores y usuarios están definidas en la Ley *"como organizaciones sin ánimo de lucro que, constituidas conforme a lo previsto en la legislación sobre asociaciones y reuniendo los requisitos específicos exigidos en esta norma y sus normas de desarrollo, tengan como finalidad la defensa de los derechos e intereses legítimos de los consumidores, incluyendo su información, formación y educación, bien sea con carácter general, bien en relación con bienes o servicios determinados"*, con la finalidad de contribuir a fortalecer la posición de los consumidores en el mercado.

Un requisito que las asociaciones de consumidores tienen que cumplir también, es que deben actuar con independencia frente a las empresas, partidos políticos y administraciones públicas, sin que las subvenciones y otros recursos públicos que se le conceda, puedan mermar tal independencia.

La Ley establece también que las asociaciones de consumidores no pueden incluir como asociados a personas jurídicas con ánimo de lucro, ni percibir ayudas económicas o financieras de las empresas o grupo de empresas que suministran bienes o servicios, ni tampoco realizar publicidad comercial de bienes y servicios, o dedicarse a actividades distintas de la defensa de los intereses de los consumidores o usuarios, y finalmente tampoco pueden actuar con manifiesta temeridad, judicialmente apreciada.

Derechos básicos de los consumidores

Los derechos básicos de los ciudadanos en su calidad de consumidores y usuarios de productos y servicios, establecidas en la Ley son los siguientes:

- La protección contra los riesgos que puedan afectar su salud y seguridad.
- La protección de sus legítimos intereses económicos y sociales.
- La indemnización o reparación de los daños o perjuicios sufridos.
- La información correcta sobre los diferentes productos o servicios ofertados en mercado y la educación para su adecuado uso o consumo.
- La participación en el procedimiento de elaboración de las normas que les afecten, a través de las asociaciones de consumidores.
- La protección jurídica, administrativa y técnica ante las situaciones de inferioridad, subordinación e indefensión.

También establece el derecho a la representación, consulta y participación de los consumidores y la finalidad de las asociaciones de consumidores que deberá ser:

- Defensa de los intereses individuales y colectivos.
- La formación y educación.
- Pueden ser declaradas de utilidad pública.
- Pueden integrarse en federaciones o confederaciones.
- Percibirán ayudas y subvenciones por parte del gobierno.
- Representan a sus asociados y a los consumidores en general.
- Disfrutarán del beneficio de justicia gratuita.
- Su funcionamiento será democrático.

Finalmente, la Ley establece que los poderes públicos están obligados a consultar a las asociaciones de consumidores en relación a las siguientes cuestiones:

- Reglamentos de aplicación de la Ley General.
- Reglamentaciones sobre bienes o servicios de uso y consumo.
- Ordenación del mercado interior y disciplina del mercado.
- Precios y tarifas de servicios, en cuanto afecten directamente a los consumidores o usuarios, y se encuentren legalmente sujetos a control de las administraciones públicas.
- Condiciones generales de los contratos o modelos de contratos regulados o autorizados por los poderes públicos en servicios de interés general o prestados a los consumidores por empresas públicas.
- En los demás casos en que una ley así lo establezca.

Las actividades de las asociaciones de consumidores

Las actividades principales que desarrollan las asociaciones de consumidores, con el fin de cumplir con su finalidad fundamental que debe ser la defensa de los derechos e intereses de los consumidores son las siguientes:

Atención a las consultas y denuncias de los consumidores

Cada asociación tiene oficinas que ofrecen un servicio de información y defensa a los consumidores, donde se asesora jurídicamente sobre todos los temas relacionados con la compra de bienes o servicios, así como sobre los abusos y fraudes que hayan podido sufrir con relación a estos.

Desde estas oficinas, atendidas por personas especializadas, se atienden las consultas de los consumidores y se tramitan ante los empresarios y autoridades las reclamaciones de los asociados y según los casos, de los consumidores en general. Por ello, estas oficinas se han convertido en puntos de referencia claro para que los consumidores se asocien a las asociaciones y acudan a ellas para recibir información y asesoramiento sobre sus derechos y obligaciones en relación a los posibles abusos o fraudes que hayan sufrido en la compra o uso de algún producto o servicio.

Cada año y según el nivel de representatividad y capacidad de cada asociación, en estas oficinas se atienden a cientos o miles de consultas y denuncias de consumidores.

Complementando la labor de tramitación de las consultas y reclamaciones individuales de los consumidores, las asociaciones de consumidores realizan también una permanente labor de denuncia con carácter general de todas las situaciones de abusos o fraudes, o incumplimiento de las leyes de protección a los consumidores:

- Ante las autoridades.
- Ante los medios de comunicación.
- A través de sus propias publicaciones.
- Ante las propias organizaciones empresariales.
- Ante los tribunales de justicia.

La información y formación de los consumidores

Junto con esta labor de asesoramiento y tramitación de consultas y reclamaciones, estas asociaciones también realizan una labor permanente de información a los consumidores a través de la edición de publicaciones, de sus páginas Web y a través de su participación en foros, todo ello para darnos a conocer nuestros derechos y obligaciones, así como para organizar campañas de protestas y denuncias.

Las revistas periódicas que editan algunas asociaciones de consumidores y sus Web en Internet, adquieren cada vez más fuerza y comienzan a constituirse como elementos de presión en el mercado y a generar estados de opinión. Asimismo realizan estudios comparativos de un buen número de productos o servicios de gran consumo o uso, que nos ayudan a tener una mayor información y visión sobre las distintas ofertas que existen en el mercado.

La formación de los consumidores es otra de las tareas fundamentales de las asociaciones de consumidores, todo ello con el fin de contribuir al fomento de actitudes racionales y críticas por parte de los ciudadanos en relación a la compra de productos o contratación de servicios. Para ello cada asociación realiza multitud de cursos, talleres formativos, seminarios, etc., que contribuyen a que miles de ciudadanos aumenten sus niveles de formación sobre sus derechos y obligaciones como consumidores.

La concertación con los sectores empresariales

Las asociaciones de consumidores establecen convenios de colaboración o concertación con los sectores empresariales para fomentar vías de mediación y arbitraje para la solución de los conflictos, con la finalidad de facilitar la solución más rápida de buena parte de las reclamaciones que llegan a sus oficinas y tratando así de evitar las largas tramitaciones administrativas y las costosas y también largas denuncias ante los tribunales de justicia.

La participación en órganos consultivos

En España, la Ley obliga a los gobiernos locales, autonómicos y central, a crear órganos consultivos en materia de consumo para escuchar la opinión de los ciudadanos a través de sus organizaciones de consumidores más representativas.

El órgano consultivo de mayor nivel de representación y participación de las asociaciones de consumidores, es el Consejo de Consumidores y Usuarios, y en la actualidad, está formado por las once organizaciones de consumidores más representativas y entre sus funciones se encuentran las siguientes:

- Informar con carácter previo los anteproyectos de ley y cualesquiera otras disposiciones de carácter general de la Administración General del Estado, que regulen materias que afecten directamente a los consumidores y usuarios. El informe tendrá carácter preceptivo en los casos previstos en el artículo 22.2 de la Ley 26/1984, de 19 de julio, General para la Defensa de los Consumidores y Usuarios.

- Proponer y, en su caso, designar a los representantes de las asociaciones y cooperativas de consumidores y usuarios en órganos colegiados, organismos o entidades, públicas o privadas, de ámbito estatal o supranacional, en los que deban estar representadas.
- Proponer a las administraciones públicas, a través del Instituto Nacional de Consumo, cuantas cuestiones se consideren de interés para la defensa de los consumidores y usuarios.
- Colaborar en cuantas iniciativas públicas se adopten en materia de protección de los consumidores y usuarios, prestando su apoyo y asesoramiento, así como emitir cuantos informes le sean solicitados por el Instituto Nacional de Consumo o cualquier otro órgano o entidad de la Administración General del Estado, en materia de su competencia.
- Solicitar información de las administraciones públicas competentes sobre materias de interés general o sectorial que afecten a los consumidores y usuarios.
- Impulsar la colaboración y diálogo entre asociaciones de consumidores y usuarios y cooperativas de consumidores y usuarios de ámbito supraestatal, estatal, autonómico o local, así como entre sus órganos de representación.
- Favorecer el diálogo social, en especial, potenciando la colaboración con las organizaciones empresariales y sindicales.

La cooperación internacional

Una buena parte de las asociaciones de consumidores españolas de ámbito nacional, forman parte de *Consumers International* (CI), una organización de carácter internacional que aglutina a 220 organizaciones asociadas de 115 países. También mantienen relaciones de colaboración de manera bilateral con otras organizaciones de consumidores de los distintos continentes, con el fin de intercambiar experiencias y para realizar actuaciones conjuntas en defensa de los consumidores y usuarios.

RELACIÓN DE LAS ORGANIZACIONES DE CONSUMIDORES MÁS REPRESENTATIVAS DE ESPAÑA

Las diez organizaciones de consumidores más representativas de España que forman parte del Consejo de Consumidores y Usuarios (CCU) son las siguientes:

FACUA-Consumidores en Acción

Dirección: Bécquer, 28 – 41002 Sevilla

Teléfono: 95 490 90 90

Web: www.facua.org

Asociación General de Consumidores - ASGECO

Dirección: Plaza de Navafría, 3 Bajo - 28027 Madrid

Teléfono: 91 403 50 78

Web: www.asgeco.org

Asociación de Usuarios de Banca, Cajas y Seguros - ADICAE

Dirección: Gavín, 12 local - 50001 Zaragoza

Teléfonos: 97 639 00 60

Web: www.adicae.net

Asociación de Usuarios de la Comunicación - AUC

Dirección: Cavanilles, 29, 2°D – 28007 Madrid

Teléfono: 915 01 67 73

Web: www.auc.es

Confederación de Consumidores y Usuarios - CECU

Dirección: Mayor 45, 2 – 28013 Madrid

Teléfonos: 913 64 13 84 / 915 41 07 22

Web: www.cecu.es

Confederación Española de organizaciones de Amas de casa, Consumidores y Usuarios - CEACCU

Dirección: San Bernardo, 97-99, Edificio Colombia. Oficina F. – 28015 - Madrid

Teléfonos: 914 47 04 81 / 915 94 50 89

Web: www.ceaccu.org

Federación de Usuarios Consumidores Independientes - FUCI

Dirección: Joaquín Costa, 61, bajo. Derecha – 28002 Madrid

Teléfonos: 91 564 01 18

Web: www.fuciweb.com

Organización de Consumidores y Usuarios - OCU

Dirección: Albarracín, 21 – 28037 Madrid

Teléfonos: 913 00 00 45

Web: www.ocu.org

Federación Unión Nacional de consumidores y Amas de España - UNAE

Dirección: Villanueva 8, 3° - 28001 - Madrid

Teléfonos: 91 575 72 19 / 91 575 70 88

Web: www.federacionunae.com

Unión de Consumidores de España - UCE

Dirección: O´Donnell 32, 5° derecha – 28009 - Madrid

Teléfonos: 91 557 09 96

Web: www.uniondeconsumidores.info

También forma parte del CCU en representación de las cooperativas de consumidores:

Confederación Española de Cooperativas de Consumidores y Usuarios - HISPACOOP

Dirección: Vallehermoso, 15, 1° - 28015 Madrid

Teléfonos: 91 593 09 35 - 91 593 16 25

Web: www.hispacoop.es

Cómo reclamar nuestros derechos

NO SOLO HAY QUE TENER RAZÓN, HAY QUE SABER DEFENDERSE

¿Has recibido una factura de tu compañía de telecomunicaciones en la que aparecen servicios que no solicitaste? ¿Tu eléctrica lleva meses sin leerte el contador y ahora pretende cobrarte de golpe cientos de euros por consumos que no había tenido en cuenta? ¿Se ha averiado tu nuevo ordenador y la tienda te dice que no sabe cuánto tardará en reparártelo?

Como consumidores, nos enfrentamos a multitud de prácticas abusivas y fraudulentas para las que necesitamos conocer nuestros derechos y cómo actuar con el fin de defendernos.

Pero, ¿cómo se presenta una reclamación y ante quién? ¿Cuáles son los pasos que hay que dar si el responsable de la irregularidad se niega a darte una respuesta o ésta no te satisface? ¿Qué puede hacer una asociación de consumidores para ayudarte a resolver el problema?

PRIMERO, DIRÍGETE A LA EMPRESA

Lo primero que tienes que hacer si sufres un problema como consumidor es presentar una reclamación a la empresa o Administración pública que ha vulnerado tus derechos. Lo más acertado es dirigirte a ella por escrito mediante un sistema que te garantice tener pruebas de la recepción de la misma. Reclamar por teléfono puede ser efectivo en ciertos casos, pero salvo que te resuelvan el problema sobre la marcha, plantea también la cuestión por correo electrónico o postal.

La legislación establece un plazo de un mes para contestar a las reclamaciones en cualquier sector de actividad, salvo alguna excepción muy concreta. Pero si el sistema que utilizas es una hoja de reclamaciones, el plazo es distinto en función de la Comunidad Autónoma donde la tramites, y puede ser inferior.

Si la entidad no contesta en los plazos establecidos, puedes optar por presentar una denuncia ante la autoridad de Consumo de la Comunidad Autónoma, puede ser objeto de una multa si así está establecido en la legislación de dicha Comunidad.

Por qué hacerlo con una asociación de consumidores

Si la empresa o Administración obvia tu reclamación, puedes seguir con el proceso por tu cuenta, acudiendo al organismo público competente, o poner el caso en manos de una asociación de consumidores.

El equipo jurídico de tu asociación de consumidores analizará el problema y evaluará a qué tienes derecho. Puede que si reclamas por tu cuenta pases por alto determinadas cuestiones y, aunque ganes la reclamación, no logres todo lo que la legislación te reconoce.

Además, cabe la posibilidad de que la asociación esté tramitando otros casos similares al tuyo y, por tanto, sepa que se trata de una irregularidad generalizada o que afecta a un importante colectivo de consumidores, lo que puede servir de argumento en las reclamaciones y dar pie a campañas de denuncia a través de los medios de comunicación para alertar a otros posibles afectados y promover sus acciones.

La asociacion puede poner en marcha un protocolo para tramitar la reclamación. El mecanismo que FACUA lleva a cabo, pasa por dirigirse en primer lugar a la empresa o Administración pública en cuestión, independientemente de que el consumidor ya lo haya hecho antes, e intentar alcanzar una solución amistosa del problema.

La mayoría de las reclamaciones que tramita FACUA se resuelven por la vía del diálogo, sin necesidad de presentar denuncias ante las administraciones competentes o los tribunales de justicia.

Al recibir una reclamación de una asociación de consumidores representativa, las empresas son generalmente conscientes de que no van a poder confundir al consumidor sobre sus derechos y éste va a continuar con el procedimiento convirtiéndola en denuncia si no hay respuesta o ésta no le satisface.

Además, las empresas saben que si hay una asociación de consumidores de por medio hay muchas más probabilidades de que la irregularidad reclamada por el consumidor trascienda públicamente a través de los medios de comunicación si se trata de un problema de envergadura. Y también son conscientes de que actuar con pasividad o prepotencia ante una reclamación puede provocar que la asociación de consumidores intensifique su actividad de control sobre las prácticas que desarrolla la compañía, al aumentar las sospechas de que sus irregularidades son generalizadas y no fruto de errores.

En definitiva, cuando formas parte de una asociación de consumidores, multiplicas tu fuerza ante la empresa o Administración que comete un abuso. De hecho, en muchos casos basta advertir a la entidad en cuestión de que si no resuelve tu reclamación, trasladarás el caso a tu asociación de consumidores para que lo gestione de forma inmediata.

Si no hay respuesta positiva, intenta una mediación o arbitraje

En caso de que la respuesta a la reclamación no resulte positiva, puedes solicitar a la empresa o entidad que se someta a una mediación o a un arbitraje.

Tanto las Administraciones públicas como algunas asociaciones de consumidores tienen establecidos órganos o mesas de mediación para resolver reclamaciones en las que la primera respuesta que recibe el consumidor no deja resuelto el problema.

Así, hay patronales empresariales que están adheridas a órganos de mediación de determinadas Administraciones públicas, donde sus miembros se comprometen a asumir las resoluciones que en ellas se adopten. Habitualmente, en dichos órganos los representantes de la Administración, las asociaciones de consumidores y las empresas evalúan las quejas y dirimen cuál debe ser la solución para la controversia planteada.

También existen mesas de mediación constituidas mediante convenios de concertación entre asociaciones de consumidores y patronales, colegios profesionales o empresas. En estas también se debatirán las cuestiones planteadas por los socios de estas organizaciones de consumidores para alcanzar un acuerdo amistoso.

Asimismo, otra vía es el Sistema Arbitral de Consumo. Se trata de un mecanismo extrajudicial de resolución de conflictos cuyas resoluciones tienen el mismo valor que una sentencia judicial. En ellos, el consumidor y la empresa reclamada exponen el caso y se someten al laudo que emiten, según los casos, tres árbitros que forman parte de la Administración, una asociación de consumidores y una patronal empresarial o un árbitro único miembro de la Administración.

Para utilizar el arbitraje la entidad reclamada debe estar adherida al mismo o aceptar someterse a un laudo arbitral para el caso concreto planteado por el consumidor.

Y SI LA EMPRESA NO QUIERE DIALOGAR, DENUNCIA

En caso de no aceptar a través de mediación, ni arbitraje la reclamación, llega el momento de denunciar el caso ante la Administración competente, algo que puedes ejercer por tu cuenta o por medio de tu asociación de consumidores.

Generalmente, las denuncias se presentan ante las autoridades competentes en materia de Consumo de la Comunidad Autónoma donde resida el consumidor. Hay Comunidades que asumen todo el procedimiento hasta concluir el expediente abierto a instancias del afectado y otras que trasladan la denuncia a la Comunidad Autónoma donde tenga su sede la empresa o Administración en cuestión.

No obstante, hay determinados sectores en los que todas las denuncias, o las relacionadas con determinadas cuestiones, deben presentarse ante otras autoridades distintas a las de Consumo de las Comunidades Autónomas. Es el caso de las controversias en el sector aéreo, que son competencia de la Agencia Estatal de Seguridad Aérea (AESA); las relacionadas con seguros, que están en manos de otro organismo estatal, la Dirección General de Seguros; las del sector financiero, que son competencia del Banco de España; y las relativas a la sanidad pública y privada, que hay que presentar ante la autoridad de Salud de la Comunidad Autónoma.

Hay que tener en cuenta que solo una sentencia judicial firme puede obligar a una empresa o Administración a cumplir con sus obligaciones con un consumidor. Lo que tu, como consumidor, una asociación de consumidores o una Administración pública podéis hacer es presionar, a distintos niveles, para que la Ley se cumpla.

Y precisamente la capacidad de presión de las Administraciones y, sobre todo, su potestad para imponer multas cuando se producen infracciones, puede provocar que una entidad o empresa cambien de actitud cuando llevan a cabo una irregularidad.

Es posible que cuando tu denuncia llegue a manos de la autoridad competente y el reclamado conozca esta situación, tu problema se resuelva; o que esto ocurra cuando la Administración intervenga y advierta al denunciado sobre la acción de abrir un expediente sancionador.

En determinados casos, el abuso o fraude sufrido puede implicar también la vulneración de una norma y, por tanto, una infracción administrativa objeto de sanción. Por ello, muchas empresas prefieren resolver el problema que asumir una multa, por pequeña que sea.

Y SI NO HAY MÁS REMEDIO, ESTÁN LOS TRIBUNALES

Puede ocurrir que pese a que la Administración constate que tienes razón e incluso multe al denunciado, éste insista en incumplir sus obligaciones y debas llevar el caso a los tribunales.

Cabe la posibilidad de que, cuando sea consciente de que has iniciado un procedimiento judicial, la empresa o Administración contra la que vayas valore que puede perder y esto le suponga un coste muy superior al de la cantidad que exigida, por lo que sea en ese momento cuando ceda a tu reclamación.

Lógicamente, tú también debes valorar el coste del abogado y procurador en caso de ir a juicio, algo que debes evaluar en función del dinero que reclames y las características del caso en cuestión.

No obstante, ten en cuenta que la legislación establece que, para reclamaciones de cuantía no superior a 2.000 euros, puedes ir a los tribunales sin abogado ni procurador. En estos casos, el asesoramiento de tu asociación de consumidores puede ser suficiente para defender tu caso.

EN RESUMEN

- *Si presentas tu reclamación a la empresa o Administración que ha cometido la irregularidad a través de una asociación de consumidores, aumentarás tu fuerza y no pasarás por alto derechos que puede que no conozcas.*
- *En caso de que no recibir una respuesta positiva, puedes pedir que se someta a una mediación o al Sistema Arbitral de Consumo.*
- *Si se niega a dialogar, presenta una denuncia ante la Administración competente para que expediente a la empresa y, de haberse producido una infracción, le imponga una multa.*
- *Puede que pese a la actuación de la Administración siga negándose a asumir sus derechos, por lo que no tendrás otra opción que acudir a los tribunales.*
- *Cuando las cantidades exigidas no superan los 2.000 euros, puedes ir a juicio sin abogado ni procurador si consideras que puedes defenderte ti mismo o con el asesoramiento de tu asociación de consumidores.*

Telecomunicaciones

Las penalizaciones

Los contratos de permanencia de las telecos

¿Tu compañía de telecomunicaciones te amenaza con una multa desproporcionada si te das de baja antes de que finalice tu compromiso de permanencia? ¿Intenta asustarte con que tus datos pasarán a un registro de morosos si no pagas?

No hay permanencia si no te dan nada a cambio

Lo primero que debes tener en cuenta es que para que exista por tu parte una obligación de permanecer un determinado número de meses en la compañía, con unas condiciones tarifarias y de consumo concretas, deben ofrecerte alguna contraprestación a cambio.

Puede entregarte a coste cero o con un precio bonificado un móvil nuevo, un dispositivo para conectar tu ordenador a Internet, un descuento en el importe del alta, en las tarifas...

Y sobre la base de lo que te descuenten se establecerá el importe de la penalización por incumplir el periodo de permanencia.

Si no hay contrato, tampoco permanencia

Si no existe un contrato, aceptado telefónicamente o firmado por ti, no pueden exigirte una permanencia ni el pago de una penalización si te das de baja antes de que acabe.

Por ejemplo, si tu compañía te convenció para que no te fueras con tu número a otro operador entregándote un móvil nuevo; en este caso, solo puede pedirte que te quedes un número de meses bajo coacción de sanción si firmaste o aceptaste un contrato donde las condiciones de permanencia fuesen claras.

En caso contrario, se entiende que el móvil fue un regalo del operador para fidelizarte como cliente y puedes irte cuando quieras. Y si hay contrato, indicando que debes permanecer en la compañía un número de meses, pero en él no aparece cuál será la penalización si te marchas antes, tampoco tendrás que pagar nada en caso de que decidas hacerlo.

El valor máximo de la penalización: el precio del móvil

El importe máximo de la cantidad que tendrás que pagar si te das de baja antes de que finalice el periodo de permanencia no puede superar el precio del móvil en el mercado en el momento de la firma del contrato o los descuentos que te aplicaron. Ten en cuenta que muchas veces, las penalizaciones que establecen las compañías son idénticas, independientemente del modelo de móvil que te entreguen y el precio que te hagan pagar por él en función del tipo de contrato que firmes.

Así que infórmate en varios establecimientos sobre el valor del móvil, libre, e intenta hacerte con folletos publicitarios si es inferior a la sanción que pretenden cobrarte por la baja anticipada. Puede que tengas que utilizarlos en el futuro para apoyar una reclamación.

Si el precio al que puedes encontrar el teléfono en el mercado es por ejemplo de 240 euros, a esta cantidad tendrás que restarle el importe que pagues por él cuando te des de alta con un compromiso de permanencia y tendrás el importe máximo de la penalización. En caso de haber abonado 60 euros, no podrán exigirte más de 180. Si quieres darte de baja y te piden más, reclama.

Los programas de puntos

Es más, si has adquirido el móvil utilizando los puntos que tenías acumulados por tu consumo con la compañía, no pueden aplicarte después la misma penalización que si no los hubieras usado. Tus puntos valen dinero, que deben descontarte del importe de la multa que te aplicarán si te das de baja. Y eso también debe constar claramente en el contrato.

Así que si el móvil que quieres te cuesta con tus puntos acumulados 50 euros menos que si no aplicaras el programa de puntos, la penalización debe ser también 50 euros inferior.

La "multa" tiene que bajar con el tiempo

Conforme pasen los meses, la penalización debe bajar, porque has asumido parte de tus obligaciones con la compañía y ésta ha ganado dinero a costa de tu permanencia. Es decir, con tu consumo ha ido recuperando parte de la inversión que hizo en su momento cuando te aplicó el descuento. Así, no tendrás que pagar la misma cantidad si cancelas el contrato dos meses antes de finalizar el periodo de permanencia que si lo haces dos meses después de empezar.

Exige al operador que prorratee el importe de la penalización a la baja, de forma proporcional al número de meses que hayas estado con el contrato. Así, si la penalización máxima es de 180 euros y la permanencia es de un total de 18 meses divide el importe por el número de meses y multiplica el resultado por tantos meses que te falten para finalizar el contrato. Por ejemplo, si te quedan 3 meses, tendrías que pagar 30 euros. Esto es: 180 euros divididos entre 18 meses son 10 euros por cada mes que falte, que multiplicados por 3 son 30 euros.

Si la compañía incumple de forma grave, no hay penalización que valga

Si el motivo de tu baja es que el operador de telecomunicaciones ha incumplido gravemente el contrato o cambia considerablemente las condiciones para tu perjuicio, no puede cobrarte la penalización.

Imagina que la velocidad de tu conexión a Internet está muy por debajo de lo prometido o que la compañía te sube las tarifas de las llamadas o la cuota mensual.

En el primer caso si lo hace, el contrato ha sido incumplido por la compañía y puedes irte cuando quieras a otra compañía, sin penalización alguna. Si lo que hace la compañía es subirte la tarifa, u otra modificación, tendrás un mes para darte de baja sin penalización desde que te comuniquen los cambios.

El registro de morosos

Muchos usuarios pagan por el miedo a ser incluidos en un registro de morosos, aunque la cantidad que les exija la compañía sea superior a la que corresponde legalmente o incluso en casos en que ni siquiera tienen por qué abonar una penalización. La cuestión es que cualquier empresa puede incluir a un consumidor en un fichero de impagados, exista o no una deuda cierta y exigible. Pero también cualquier consumidor puede contestar a un alta ilegal en un registro de morosos presentando una denuncia, que puede acarrear una sanción de decenas de miles de euros.

Por eso, si te exigen el pago de una deuda inexistente o superior a la que corresponde conforme a las características del contrato, el tiempo que has permanecido con él y el beneficio que recibiste al darte de alta, reclama.

Arguméntale a la compañía que la cuantía que te exige no corresponde y que pagarás la cantidad oportuna (si tienes que abonar alguna) cuando se resuelva la reclamación, que puedes elevar a las autoridades competentes si no recibes una respuesta satisfactoria. No obstante debes saber que si la empresa no acepta tu petición, el impago de la factura puede conllevar el corte de servicio, aunque tú puedes pagar y presentar la reclamación.

Si pese a ello te incluye en un registro de morosos, denuncia ante la Agencia Española de Protección de Datos para que te saquen de él y multen a la empresa.

Pagando o sin pagar, no puede impedir tu baja o que te cambies de compañía

Aunque la compañía te presione con la penalización para convencerte de que no te des de baja o que te cambies de compañía, no puede impedirte que lo hagas.

Incluso si la cantidad que te exige se ajusta a la legalidad y te niegas a pagarla, aunque te la reclamen hasta que la abones, tu solicitud de baja y, en su caso, la portabilidad de tu número a otra compañía seguirá su trámite.

EN RESUMEN

- *Los compromisos de permanencia sólo pueden establecerse a cambio de un beneficio para el usuario.*
- *El importe máximo de la penalización por una baja anticipada debe ser el valor de mercado del producto, descontándole el precio bonificado que pagaste por él.*
- *La penalización va disminuyendo proporcionalmente a los meses que mantengas el contrato.*
- *Si la compañía incumple o modifica para tu perjuicio las condiciones del contrato, ya no puede penalizarte si te das de baja.*
- *En caso de que te incluyan en un registro de morosos por una deuda incorrecta, la empresa puede ser sancionada si la denuncias.*
- *Aunque no pagues la penalización, la compañía no puede impedirte que te des de baja o que te cambies de compañía.*

ALTAS EN SERVICIOS NO SOLICITADOS

¿TU TELEFÓNICA TE QUIERE COBRAR POR ALGO QUE NO CORRESPONDE?

¿A tu abuela han comenzado a cobrarle el ADSL y ni siquiera tiene ordenador? ¿Tu última factura de telecomunicaciones incluye un servicio que rechazaste cuando un teleoperador pesado te lo intentó vender? ¿Tu tarifa plana tiene muchas curvas y te cobran las descargas cuando superas un límite del que no te hablaron?

A veces (muchas... demasiadas veces) las compañías de telecomunicaciones nos dan de alta en servicios que nunca hemos pedido o que incluso rechazamos cuando intentan vendérnoslos por teléfono. También se dan muchísimos casos de ofertas que a la hora de la verdad no cumplen los requisitos que prometía la publicidad o el teleoperador que nos convenció a que la contratáramos. Si tu teleco te quiere cobrar por algo que no corresponde, no pienses que no tendrás más remedio que pagar porque aparece en la factura. La factura la emite la compañía, no un notario, así que todo lo que sea erróneo o fraudulento es siempre reclamable.

Si un teleoperador te vende un producto, que te informe por escrito

Lo primero que debes tener en cuenta es que si un teleoperador te llama para venderte algo que te interese, pídele que te envíe por escrito las condiciones de la oferta. Si te dice que no es posible y que ni siquiera aparecen en la Web de la compañía, desconfía, es muy posible que te esté ocultando o, en el mejor de los casos, que no tenga ni idea de lo que te está ofertando y omita elementos fundamentales del servicio.

¿Cuáles son las principales mentiras o exageraciones en las que incurren los teleoperadores de las compañías de telecomunicaciones o su propia publicidad para intentar convencernos de que contratemos algún servicio?

Los principales cuentos

Pueden ofertarte "llamadas gratuitas" en las que en realidad tienes que pagar el precio por el establecimiento de cada comunicación. Y es que a las llamadas les repercuten dos conceptos: el coste de establecimiento y el precio por minuto. Así que cuando en cualquier oferta comercial sobre llamadas hablen de "gratis", asegúrate que se refieren a su importe íntegro.

También hay casos en los que las llamadas o los minutos gratis tienen un límite diario, semanal, mensual... O que cada llamada tenga un tope de tiempo sin que la cobren y tras superarlo se empiece a tarificar. Otra limitación puede ser que la gratuidad afecte solo a llamadas en determinados horarios o dirigidas solo a teléfonos de la misma compañía.

Otro timo en ofertas telefónicas son las supuestas "tarifas planas" de conexiones a Internet que en realidad son bonos con un límite de Mb para descargar.

Pueden darse dos casos: que al superarlo baje radicalmente la velocidad de la conexión, o que empiecen a cobrarte por cada Mb o bloque de Mb adicionales. Así que si tu factura incluye una cantidad enorme por la conexión a Internet, puede que hayas superado el tope y que la tarifa por los Mb adicionales sea un disparate.

La tercera oferta trampa consiste en descuentos que no se aplican sobre el total de cada recibo o de las llamadas, sino sobre una parte de los conceptos facturables. Si te plantean la posibilidad de darte de alta en un descuento promocional o te lo prometen a cambio de que no te cambies de compañía, ten en cuenta que pueden pintártelo muy bonito y al final sea una oferta de brocha gorda.

No es lo mismo que te apliquen un 30% de descuento sobre tu factura que sobre el importe de las llamadas (la factura suele tener muchos más conceptos, como una cuota fija, la conexión a Internet, los SMS...).

Y no es lo mismo que el descuento sea sobre el importe total de las llamadas que sobre el precio por minuto, porque entonces tendrás que pagar la tarifa por el establecimiento de cada comunicación. O que solo afecte a llamadas a teléfonos de la misma compañía.

Además, ten en cuenta que las llamadas y conexiones a Internet que se incluyen en este tipo de ofertas y promociones son, salvo excepciones, las efectuadas dentro de España.

En cuarto lugar, son frecuentes las ofertas basadas en un competitivo precio por minuto (que la publicidad y los teleoperadores suelen indicar sin incluir el IVA, algo que es ilegal, por cierto). Aquí puede que también se trate de un precio limitado a un determinado horario o a números de la misma compañía y hay comerciales muy despistados que olvidan aclarar este dato.

Y no te extrañe que un teleoperador te llame preguntándote cuál es la tarifa por minuto que tienes con tu compañía de móvil, le digas que 3 céntimos más IVA y te conteste que él te ofrece una mejor de... ¡6 céntimos! Compréndelos, les da igual lo que les contestes y es posible que aunque les digas que tu compañía te paga a ti por ser su cliente, te siga asegurando que su oferta es más ventajosa. Es lo que les indica la pantalla de su ordenador, donde tienen un protocolo a seguir para intentar venderte el servicio que toque.

Si lo que te facturan no coincide con lo ofertado, reclama

Te ha llegado la factura y observas que el regalo, descuento o las condiciones de la oferta que te vendieron no coincide con la tarifa que te están aplicando. Llamas a tu compañía y te dicen que no, que las condiciones no son las que crees y que pagues porque no tienes pruebas de que el teleoperador te describió el servicio como tú dices.

En el servicio de (des)atención al cliente de tu teleco van a intentar convencerte de que si no tienes pruebas de las condiciones ofertadas, te tienes que aguantar con lo que quieran cobrarte. Y no es necesariamente así.

Cuando se produce un alta en cualquier servicio, el consumidor debe firmar un contrato o ha de existir una grabación autorizada por el cliente en la que se efectúe una verificación de que aceptas las condiciones que te estén explicando. Por supuesto, en esa grabación tienen que escucharse tanto las características de la oferta como tu consentimiento para contratarla. No vale que te cuenten una maravilla primero y que en la grabación solo aparezcas tú diciendo que sí quieres una tarifa de la que no se aclaran las condiciones.

Si la compañía no cuenta con un contrato firmado por ti o una grabación con las condiciones de la oferta aceptadas, puedes argumentar lo que se denomina "vicio de consentimiento", que implica que este sea nulo.

El problema es que no todas las controversias de este tipo se resuelven igual. Por ejemplo, imagina que te han dado de alta en una tarifa de acceso a Internet que no habías solicitado, ni usado. Si reclamas que te devuelvan el dinero, la compañía no tendrá pruebas de que pediste el alta y tendrá que hacerlo.

Pero si solicitaste esa tarifa y te intentan cobrar una cantidad superior a la que te habían prometido verbalmente, o quieren facturarte aparte los Mb que superen un límite del que no te hablaron, la cosa se complica. Si no hay contrato firmado ni grabación, ni la compañía ni tú tenéis pruebas de las condiciones que te ofertaron por teléfono. Al reclamar, es posible que le den la razón a ti o al operador.

Lo mismo sucede si te aplican un descuento distinto al que te habían prometido o ni siquiera lo hacen. ¿Cómo demuestras que recibiste una llamada en la que te prometieron una bonificación a cambio de no cambiarte de compañía? Reclama, pero cuenta con que siempre es fundamental tener una confirmación por SMS, correo electrónico o postal de que te has dado de alta en un servicio o descuento.

¿Y SI AMENAZAN CON LA BAJA?

Si en una factura aparecen servicios que no habías contratado o tarifas con condiciones distintas a las ofertadas, tú decides si pagas y reclamas la devolución del dinero o prefieres reclamar primero y esperar a que se resuelva para abonar la cantidad en cuestión.

El riesgo de no pagar es que te corten temporalmente la línea, algo que la compañía puede hacer, después de notificártelo, si transcurre más de un mes desde que recibiste la factura en los servicios de telecomunicaciones fijas. Durante este periodo podrá seguir cobrándote la cuota de abono ya que conservarás tu número de teléfono y podrás recibir llamadas, excepto las de cobro revertido y podrás realizar llamadas a teléfonos de servicios de urgencias, tales como la policía, bomberos, emergencias sanitarias, etc.

En el caso de las telecomunicaciones móviles, la normativa no dice nada sobre los plazos y procedimientos de suspensión del servicio por impago, pero los contratos de las principales compañías plantean las mismas condiciones existentes en la regulación sobre las fijas.

En telefonía fija, si pasan tres meses desde que recibes la factura y no pagas, o te realizan un corte por segunda vez, perderás previo aviso definitivamente la línea que tenías contratada, con lo que para reactivar el servicio puede que tengas que volver a pagar el alta. En cualquier caso, siempre puedes hacer antes una portabilidad a otra compañía para no perder tu número.

Eso sí, en caso de que finalmente ganes tu reclamación, exige a la compañía que te indemnice por los perjuicios que hayas podido sufrir como consecuencia del corte de la línea y que como mínimo te devuelva las cuotas que te cobró durante la suspensión temporal, además de reactivarte el servicio sin coste alguno.

Y si te metió en un registro de morosos, exige que te dé de baja del mismo y denúnciala ante la Agencia Española de Protección de Datos.

EN RESUMEN

- *Si un teleoperador te oferta algo y no te lo quiere enviar por escrito ni aparece en la Web de la compañía, desconfía.*
- *No es lo mismo que te ofrezcan llamadas gratis que minutos gratis, porque en ese caso te pueden cobrar el precio de establecimiento de cada comunicación.*
- *Ten en cuenta que las tarifas planas de acceso a Internet pueden no serlo realmente, tratándose de bonos con un límite de MB.*
- *Si contratas algo por teléfono y después te aplican una tarifa distinta a la prometida, piensa que sin una confirmación por escrito del alta y sus condiciones o una grabación donde consten todos los datos, la reclamación puede ser complicada.*

Servicios premium

Si concursas o te descargas algo con el teléfono, mucho ojo

¿No paras de recibir SMS de algo a lo que no recuerdas haberte suscrito? ¿Llamaste a un concurso de la televisión y en la factura del teléfono aparece un importe muy superior al que anunciaba el rótulo en pantalla? ¿Tu compañía de telecomunicaciones te dice que si no pagas por esos servicios, te corta la línea?

Cuidado con los servicios de tarificación adicional

Los denominados servicios de tarificación adicional representan un importantísimo negocio en el sector de las telecomunicaciones. Se trata de las llamadas a líneas con prefijos 803, 806, 807 y 905 y los SMS Premium, mensajes de alto coste enviados a números de entre cinco y siete cifras o recibidos desde estos.

En los servicios de tarificación adicional conviene tener presente que intervienen dos empresas. Por un lado, tu compañía de telecomunicaciones. Y por otro, la que presta el servicio de tarificación adicional. Las dos ganan dinero con tus llamadas o mensajes. Tu operadora de telecomunicaciones te cobra y le abona una parte a la que te presta el servicio: descarga de melodías, juegos o vídeos, participación en concursos... o que se dedica a intentar timar a los usuarios con reclamos como que te ha tocado un premio o que alguien quiere contactar contigo.

En relación a dichos servicios existe publicado un Código de Conducta que se encarga de regular aspectos de especial importancia para la protección de los derechos de los consumidores.

Así, el prestador del servicio debe informar al usuario del precio máximo por minuto de la llamada. Tanto la publicidad como una locución antes de empezar a cobrar por el servicio deben aclarar estos datos al consumidor, junto a la identidad del titular de la línea y el tipo de servicio que se ofrece, así como si está dirigido a mayores de 18 años.

Si se trata de un concurso o sorteo, tanto sus bases como la resolución de los mismos deben estar depositadas ante un notario o un organismo público competente.

Además, ninguna llamada puede durar más de 30 minutos. Si lo hiciese, no tendrías que pagar el exceso en caso de que te lo facturen.

LAS LÍNEAS 80X

En el caso de las líneas con prefijo 80x, el tercer número está clasificado por la legislación en función del tipo de servicio que presten. Las 803 están destinados a servicios exclusivos para adultos, como las líneas eróticas. Las 806 para servicios de ocio y entretenimiento, aunque extrañamente aquí se incluyen los pseudo-videntes, que deberían estar directamente prohibidos ya que representan un fraude. Y las 807 se destinan a servicios profesionales.

Está prohibido que a través de un número de tarificación adicional se oferte o demande un empleo o trabajo, directa o indirectamente. También es ilegal que estas líneas sean utilizadas por cualquier empresa como teléfono de atención al cliente para atender reclamaciones.

Si detectas este tipo de prácticas, ponlas en conocimiento de FACUA para que tome medidas al respecto.

En cuanto a los precios de los 803, 806 y 807, dependen de si se hacen desde un fijo o un móvil y de la cuarta cifra de la línea a la que se llame.

Así, si es un 0 o un 1, el precio será de hasta 0,35 euros por minuto si se llama desde un fijo y hasta 0,65 desde móvil (siempre más IVA). Si la cuarta línea es un 2 o un 3, el precio por minuto será superior al anterior con un máximo de 0,75 euros desde fijo y 1,05 euros desde móvil. Si es un 4 o un 5, hasta 1,00 euro desde fijo y hasta 1,30 euros desde móvil. Si es un 6 o un 7, hasta 1,65 euros desde fijo y 1,95 desde móvil. Si se trata de un 8, hasta 3,15 euros desde fijo y 3,45 euros desde móvil. Y si es un 9, el máximo no podrá alcanzar los 3,15 euros por minuto desde fijo y 3,45 euros desde móvil.

Los números 905

Las líneas con prefijo 905 se utilizan especialmente para la celebración de concursos televisivos, a los que el usuario puede llamar, bien para votar al participante en un determinado programa, bien para intentar concursar en un juego de pregunta/respuesta.

Al igual que los números 80x, los 905 tienen una serie de rangos de numeración, lo que quiere decir que el número que sigue al 905 determina cuál es la modalidad del servicio, así como el precio el mismo, diferenciándose principalmente entre las modalidades de voz (entretenimiento y usos profesionales, en los que la cuarta cifra puede 1, 2, 4, ó 5), por un lado, y televoto por otro, en los que el cuarto número será el 1, el 7 o el 8.

Para la modalidad de televoto, el operador del servicio de tarificación adicional garantizará que se proporcione al usuario una locución informativa con la confirmación de que el voto ha sido contabilizado.

Las líneas 905 cuya cuarta cifra es un 1 tienen un precio máximo de 0,30 euros (siempre, más IVA) por llamada desde móvil y 0,75 euros desde fijo. Si es un 2, hasta 0,60 euros desde fijo y 1,05 desde móvil. Si es un 4 o un 5, hasta 1,20 euros por llamada desde fijo y 1,65 desde móvil. Si es un 7, hasta 0,60 euros desde fijo y 1,05 euros desde móvil. Y si es un 8, hasta 1,20 y 1,65 euros, respectivamente.

Los SMS Premium

Al igual que ocurre con las llamadas, también existen mensajes de tarificación adicional, denominados SMS Premium, que están sometidos a otro Código de Conducta.

Dentro de este tipo de mensajes, cabe prestar especial atención tanto a las descargas de contenidos (melodías, vídeos, juegos...) como a los *servicios de suscripción*, que son aquellos que implican el envío de determinados mensajes por el operador titular del número al abonado, bien de forma periódica, bien cuando se produzcan determinados sucesos.

Para descargarse un contenido hay que enviar un solo SMS, ya que está prohibido exigir un número mayor. Sin embargo, posteriormente también tendrá que efectuarse una conexión a Internet desde el móvil para poder acceder al enlace y recibir el archivo, lo que puede suponer un gasto adicional que te cobre tu compañía de móvil.

En lo que se refiere a los servicios de suscripción, hay que tener en cuenta que implica pagar por cada uno de los mensajes que recibas. El prestador del servicio debe aclararte al darte de alta cuál será el número máximo de mensajes que recibirás cada semana o mes y el precio de cada uno de ellos, para que calcules si te merece la pena o el coste puede ser desproporcionado teniendo en cuenta el interés que tengas por los contenidos que te ofrezcan. Ten en cuenta que hay empresas que cometen fraudes con servicios de suscripción mediante SMS Premium, camuflándolos a través de encuestas, sobre todo en las redes sociales en Internet. Estas firmas ocultan o disimulan que el objetivo de la encuesta no es otro que solicitar al final el teléfono móvil del usuario para darle de alta en estos servicios, de los que ni siquiera suelen aclarar qué tipos de contenidos ofrecen para descargarse.

Los precios de los SMS Premium también dependen de la numeración de las líneas. Así, las líneas de cinco cifras que comiencen por 25, 27 y 28 y las de seis cifras que empiecen por 29 tienen un precio de hasta 1,20 euros más IVA por mensaje. Las de cinco cifras que comiencen por 35 y 37 y las de seis que empiecen por 39 cuestan hasta 6,00 euros. En el caso de los servicios de suscripción, cuestan hasta 1,20 euros por cada mensaje recibido en los casos de las líneas de seis cifras que comiencen por 795 y 797 y las de siete que empiecen por 799. El importe puede llegar a alcanzar los 6,00 euros en las líneas de seis cifras que comiencen por 995 y 997 y las de siete que empiecen por 999

Qué hacer ante una mala calidad, fraudes o llamadas y SMS falsos

Tu compañía está obligada en todo momento a presentarte las facturas de forma desglosada, diferenciando el importe que corresponde al operador de telefonía del importe del que se lleva el prestador de servicio de tarificación adicional.

Si no estás de acuerdo con la calidad del servicio de tarificación adicional que te hayan facturado, el operador no podrá cortarte la línea si fórmulas una reclamación ante él (y por supuesto hazlo también ante la empresa que presta dicho servicio) y procedes al pago del recibo descontando el importe correspondiente a la retribución que se lleva el prestador del mismo.

Y si en la factura no viene desglosado cuánto se lleva tu compañía y cuánto el prestador del servicio, denúnciala ante la Secretaría de Estado de Telecomunicaciones (Setsi) para que la multe por haber incumplido esta obligación legal y exige al operador que vuelva a enviártela con ese detalle mediante una reclamación. En ella, argumenta que, de momento, pagarás todo menos los servicios de tarificación adicional. Cuando te llegue la factura con el desglose, tendrás que abonar también el importe correspondiente a tu compañía.

Además, puedes reclamar al prestador del servicio de tarificación adicional que te indemnice por la mala calidad que te ha ofrecido abonándote el importe que has tenido que pagar a tu compañía de telecomunicaciones.

Pero si el problema que tienes es que no has realizado las llamadas o mensajes de tarificación adicional que aparecen en la factura o que te han dado de alta en un servicio de suscripción sin aclarártelo, la situación es la misma que cuando intentan cobrarte cualquier otro servicio de telecomunicaciones que no has efectuado o contratado.

En estos casos, debes reclamar a tu compañía argumentando que ha cometido un error en la facturación. Ten en cuenta que si no pagas las cantidades facturadas irregularmente hasta que se resuelva la reclamación, el operador puede cortarte el servicio (salvo que lo abones todo menos la cantidad que se lleva el prestador del servicio de tarificación adicional). Otra cosa será que, si finalmente la compañía es incapaz de demostrar que las llamadas o mensajes sí fueron efectuados por ti, podrás exigirle una indemnización por haberte cortado la línea.

Cuando la compañía haga caso omiso de lo que reclames, presenta una denuncia ante la Setsi a través de tu asociación de consumidores.

EN RESUMEN

- *Los precios de las llamadas a las líneas 803, 806, 807 y 905 están regulados y dependen del tipo de servicio que ofrezcan y de cuál sea su cuarta cifra.*
- *Los SMS Premium también tienen rangos de numeración en función de sus precios y de que ofrezcan descargas por el envío de un mensaje o se trate de servicios de suscripción en los que se paga por cada mensaje recibido.*
- *Las facturas de las compañías de telecomunicaciones deben desglosar qué cantidad se llevan ellas y cuál el prestador del servicio de tarificación adicional por cada llamada o SMS.*
- *Si hay irregularidades en la calidad, reclama y no pagues la cantidad que se lleva el prestador del servicio de tarificación adicional, al que puedes exigir que te abone el importe que hayas tenido que pagar a tu compañía.*
- *En caso de que te facturen llamadas o mensajes que no hayas realizado o que te den de alta en un servicio de suscripción sin haberte informado de ello, exige a tu compañía que te anule todos los cargos.*

CORTES DE SUMINISTRO

TE HAS QUEDADO SIN TELÉFONO O INTERNET: ¿Y AHORA QUÉ?

¿Llevas días sin poder realizar ni recibir llamadas y la compañía te sigue diciendo que esperes? ¿Tu conexión a Internet ha muerto? ¿Tienen que pagarte alguna indemnización por dejarte aislado del mundo?

SIN TELÉFONO FIJO O MÓVIL

Si sufres una o varias interrupciones del servicio telefónico por una avería o error de la compañía, debe abonarte una pequeña indemnización, la mayor de estas dos cantidades:

- El promedio del importe que te hayan facturado por todos los servicios interrumpidos durante los tres meses anteriores a que sufrieras el corte prorrateado por el tiempo que haya durado la interrupción.

  Imagina que te han dejado 80 horas sin poder realizar llamadas y que durante los tres meses anteriores las facturas por los servicios de telefonía (cuota de abono, llamadas y, en su caso, alquiler del teléfono) ascendían a 60, 40 y 50 euros. Las sumas y las divides entre tres, lo que te da un resultado de 50 euros de media.

  Teniendo en cuenta que un mes tiene una media de 730 horas, para calcular el importe de la indemnización se aplica una regla de tres simple.

  Así, los 50 euros que pagaste de media en los tres meses anteriores son a las 730 horas que tiene un mes como "x" es a las 80 horas que te han dejado sin servicio. Multiplicas 50 x 80 y divides el resultado entre 730, lo que te da como resultado 5,48 euros.

  Y si hace menos de tres meses que eres cliente de la compañía, el cálculo se realizará sobre la base del importe de la factura media en las mensualidades completas efectuadas o la que se obtenga en una mensualidad estimada de forma proporcional al periodo de consumo que sí hayas realizado ya.

- Cinco veces la cuota mensual de abono o equivalente que esté vigente en el momento de la interrupción, prorrateado por el tiempo de duración de esta.

Si pagas 16,50 euros mensuales de cuota de abono, multiplicas por cinco y tienes como resultado 82,50 euros, que es la cantidad sobre la que hay que calcular el prorrateo.

Una vez más, aplicamos una regla de tres. En este caso, los 82,50 euros que resultan de multiplicar por cinco la cuota de abono mensual son a las 730 horas que tiene un mes como "x" es a las 80 horas que has estado sin servicio. Multiplicas 82,50 x 80 y divides lo que sale entre 730. El resultado: 9,04 euros.

En este caso, la cantidad con la que tendrían que indemnizarte sería la segunda, el quíntuplo de la cuota de abono prorrateada sobre el tiempo sin línea, ya que es la mayor. Pero si tienes un consumo telefónico más alto, puede que la cifra sea el prorrateo del mismo en los tres meses anteriores.

Eso sí, en caso de que la avería fuera como consecuencia de una causa de fuerza mayor (por ejemplo que una excavadora destroza el cableado de telefonía fija), la compañía solo tendrá que compensarte, automáticamente, con la devolución del importe de la cuota de abono y otras independientes del tráfico de llamadas y mensajes, prorrateado por el tiempo que haya durado la interrupción.

Así que si la avería que utilizamos en el ejemplo fuera consecuencia de una causa de fuerza mayor, la regla de tres se aplicaría así: los 16,50 euros mensuales de la cuota mensual se multiplican por las 80 horas que estuviste sin servicio y divides el resultado entre 730, lo que da 1,81 euros.

Siempre que el importe de la indemnización que te corresponda, sea cual sea la causa de la avería, sea superior a un euro, el operador estará obligado a indemnizarte automáticamente, sin que tengas que presentar una reclamación, en la factura posterior al periodo de facturación en la que hayas sufrido el corte del servicio. No obstante, nunca está de más formular una reclamación por si la compañía no ha calculado como corresponde el tiempo de interrupción y la cantidad que debe abonarte.

En la factura en la que te indemnice, la compañía tiene que hacer constar la fecha, duración y cálculo de la cuantía que corresponda.

Y si el corte en el servicio te ha causado daños económicos que puedes demostrar, tienes derecho a exigir la correspondiente indemnización al operador.

Sin servicios de acceso a Internet

Si te quedas sin Internet, el operador deberá indemnizarte con la devolución del importe de la cuota de abono y otras cuotas fijas que pagues por el servicio, prorrateadas por el tiempo que haya durado el corte el servicio.

Así que si el acceso a la Red deja de funcionar durante 80 horas y pagas un total de 30 euros mensuales por disfrutar del mismo, la cantidad con la que tendrán que compensarte será el resultado de la siguiente operación: multiplicas 80 x 30 y divides el resultado entre las 730 horas que tiene un mes, lo que da 3,29 euros.

Si la interrupción se ha producido de forma continua o discontinua, durante más de seis horas en horario de 8.00 a 22.00 h, la compañía tendrá que indemnizarte de forma automática, sin necesidad de que tengas que presentar una reclamación. No obstante, es mejor que lo hagas, por si se produce un *olvido* del operador.

En el recibo en el que aparezca la devolución deberá constar, igual que en las relacionadas con servicios de telefonía, la fecha, duración y cálculo de la cuantía de la compensación.

En el caso de que la cuota que pagas cada mes incluya tanto el servicio de acceso a Internet como llamadas, la legislación establece que el precio de ambos servicios es el 50% del total. Y ello salvo que la compañía desglose en el contrato cuánto estás pagando por cada cosa.

De ocurrir esto, el prorrateo para calcular la indemnización lo tendrás que hacer dividiendo el resultado entre dos.

Al igual que en telefonía fija y móvil, si el corte del servicio de acceso a Internet te provoca daños económicos, puedes reclamarlos a la compañía.

EN RESUMEN

- *Si te quedas sin teléfono o Internet por una avería o error de la compañía, tienes derecho a una pequeña indemnización.*
- *En telefonía, se trata de la mayor de estas cantidades: cinco veces la cuota de abono mensual prorrateada sobre el número de horas que hayas estado sin servicio o el equivalente al consumo que hubieras realizado durante el tiempo de interrupción, que se calcula sobre la base de facturas anteriores.*
- *Solo si la avería es causa de fuerza mayor, la indemnización se limitará al prorrateo de la cuota fija que pagues al mes, sin contar con el tráfico de llamadas y mensajes.*
- *En Internet, la compensación equivale a la cantidad fija que pagas cada mes por el servicio prorrateada sobre las horas que haya durado la interrupción.*

Energía

Errores en facturas

Cuando la factura de la luz te electrocuta

¿Has recibido una factura de la luz con un importe excesivo para la energía que gastas? ¿En la compañía te dicen que te han hecho una lectura estimada basándose en consumos anteriores pero los datos no cuadran? Y si se han tirado meses sin leerte el contador y ahora te quieren cobrar todo lo pendiente ¿tienes que hacerlo de golpe? Si el importe de tu factura de la luz es muy superior al habitual y no consumes más que antes, cabe la posibilidad de que tu eléctrica haya caído en algún error. Así que atento, puede que no tengas que pagar tanto como te piden o, al menos, no hacerlo de inmediato.

El lío de la lectura bimestral y la factura mensual

Las eléctricas están obligadas a leer los contadores cada dos meses. Eso sí, aunque la lectura del contador sea bimestral, la facturación es mensual para la inmensa mayoría de usuarios, los que tienen la tarifa fijada por el Gobierno. La llamada Tarifa de Último Recurso (TUR). Y la tienen casi todos, porque las ofertas de las eléctricas en el mercado libre no suelen merecer la pena, así que más vale lo malo conocido…

La cuestión es que como te llega una factura cada mes, pero el contador te lo leen cada dos, la mitad de las veces te cobran una cantidad que no se ajusta a lo que marca tu contador, o sea, a lo que hayas consumido realmente. El mes que no miran el contador, las eléctricas emiten el recibo con una lectura estimada. En ella aplican el número de kilovatios/hora que consumiste en el mismo periodo del año anterior. Cuando al mes siguiente leen tu contador, la factura suma o resta los kilovatios/hora que cobraron de menos o de más en el recibo anterior.

Así que muchas veces, una factura muy elevada no es sinónimo de irregularidad por parte de la compañía, sino del lío que provoca este sistema de lecturas estimadas establecido en la legislación.

Por ejemplo, si el año pasado por esta época hizo bastante más frío o calor y tiraste mucho de la climatización eléctrica, cuando ahora te llegue una factura con lectura estimada reflejará un consumo mayor que el real. Así que te cobrarán de más y al mes siguiente, cuando te hagan la lectura del contador, te devolverán la diferencia.

O imagina el año pasado en este periodo no había nadie en tu piso porque os fuisteis de vacaciones o la vivienda estaba todavía deshabitada. Cuando emitan la factura con lectura estimada, reflejará el mismo bajo consumo que hubo entonces, pero cuando te envíen la que incluya la lectura real del contador, puede que te sorprenda por su elevada cuantía ya que incluirá todo lo que no te hayan cobrado.

¿Consumo 0?

Lo que no debe nunca reflejar la factura que te emitan en el periodo en el que no te lean el contador es un consumo de 0 kilovatios/hora. La ley lo prohíbe, precisamente para evitar que los recibos con lectura estimada y con lectura real estén demasiado descompensados.

Si esto sucede, presenta una denuncia ante la autoridad competente en materia de industria de tu comunidad autónoma para que aplique una sanción por esta irregularidad e investigue si está cometiendo las mismas prácticas con otros usuarios.

Si no te leen el contador cada dos meses, denuncia al canto

¿Y qué pasa si la compañía incumple la ley y se tira meses y meses sin leer tu contador? Pues si durante todo ese tiempo te hace estimaciones que reflejen un consumo inferior al real, estarán cobrándote menos dinero del que toca y al final puede acabar causándote un estropicio en las facturas

Y es que en el momento en que por fin realice la lectura y actualice las cantidades, te exigirá que pagues todos los kilovatios/hora que no habían reflejado los recibos con lecturas estimadas. En ese caso, no tienes por qué abonarlo todo de golpe. Tienes derecho a exigir que te cobren la cantidad pendiente en tantos meses como hayan estado sin mirar el contador.

Además, si tu compañía se salta la obligación de leer el contador bimestralmente sin justificación, denúnciala para que la sancionen.

Y ojo, pueden haberse equivocado al hacer la lectura

Si tu factura es rara, también cabe la posibilidad de que la compañía haya cometido un fallo al leer el contador. Pueden haber introducido la lectura de otro usuario, haber alterado algún número... Para verificarlo, vete al contador y mira en él que la cifra histórica total de kilovatios/hora consumidos que refleje sea similar al que aparece en tu última factura con lectura real. Evidentemente, desde que te hicieron la lectura hasta que te llega la factura han pasado días y el contador tendrá que reflejará una cantidad levemente superior.

Si ves que ha habido un fallo, llama al servicio de atención al cliente de la eléctrica y avísales del error. Tendrán que volver a realizar de nuevo la lectura y rectificarte la factura.

Si la diferencia no es muy grande, puedes pagar el recibo y espera que te reembolsen el dinero. Pero si el error en la lectura representa demasiado dinero, plantea a la compañía que no pagarás nada hasta que te envíen una nueva factura corregida, no obstante debes saber que existe el riesgo de que la compañía te corte el suministro por impago, aunque puedes continuar con la reclamación.

Si el consumo es el que refleja el contador, pero pinta raro... igual está averiado

Pero si compruebas que la cantidad de kilovatios/hora que refleja el recibo coincide con lo que indica tu contador y aún así crees que no estás consumiendo tanta luz, también cabe la posibilidad de que esté averiado.

Hay que tener en cuenta que en España las eléctricas están desarrollando un plan de sustitución de contadores para instalar nuevos equipos digitales. Un plan que no finalizará hasta 2018.

¿Por qué lo están haciendo? Pues el motivo es que antes de que comenzaran a ser sustituidos, la mayoría de estos equipos superaba de media los 15 años de antigüedad. Y pasada esa fecha, la fiabilidad de la medida no queda garantizada, sin más. Además, los contadores no son objeto de revisiones periódicas para verificar su correcto funcionamiento.

Así que si estás convencido de no estás consumiendo toda la luz que te cobra tu compañía, pídele que se realice una revisión del contador. Si se comprueba que efectivamente estaba averiado, pon el caso en manos de una asociación de consumidores porque puede que tengas que reclamar una serie de cantidades por haberte cobrado de más durante todo el tiempo que el equipo no midió como debía.

EN RESUMEN

- *Las compañías eléctricas están obligadas a leer los contadores cada dos meses.*
- *Si como la gran mayoría de usuarios, tienes la tarifa aprobada por el Gobierno, recibirás una factura cada mes.*
- *El mes que no leen el contador, las eléctricas facturan con una lectura estimada, que refleja el consumo que tuviste en el mismo periodo del año anterior.*
- *Al leerte el contador, la factura suma o resta la cantidad que te cobraron de menos o de más el mes anterior, cuando cobraron mediante estimación del consumo.*
- *En caso de que sospeches que ha habido un error, mira el consumo histórico que refleje tu contador y compáralo con el de la última factura con lectura real.*
- *Si crees que tu contador refleja un consumo superior al que realizas, igual está averiado, por lo que puedes pedir una revisión.*

Cortes de suministro

Se fue la luz y cuando volvió, el ordenador explotó

¿Has sufrido un apagón que te ha echado a perder la comida que tenías en el congelador? ¿Tuviste que comer fuera de casa porque no podías cocinar? ¿Cuando volvió la luz, la subida de tensión provocó una avería en algún electrodoméstico?

Cuando se produce un corte eléctrico, la compañía tiene que indemnizarte por todos los perjuicios económicos que sufras, además de las pequeñas compensaciones económicas que establece la legislación cuando se acumulan muchas interrupciones del suministro o un buen número de horas sin luz al año.

Si tienes que comer fuera, corre a cuenta de la compañía

En caso de que tu cocina sea eléctrica y no tengas más remedio que comer una o más veces fuera de casa durante el apagón, conserva la factura del establecimiento para reclamar el importe a la eléctrica. Siempre que la cantidad que te gastes sea razonable, podrás exigir que te la paguen.

¿Comida para tirar? También se reclama

También puede ocurrir que la comida que tengas en el congelador o en el frigorífico se deteriore y tengas que tirar la mayor parte. Algo muy frecuente cuando se producen apagones de larga duración en épocas de altas temperaturas y especialmente en días en los que no hay nadie en casa, por lo que no se es consciente de que se ha ido la luz y no se pueden tomar medidas para salvar los alimentos. En estos casos, lo importante es demostrar a la eléctrica qué productos han tenido que acabar en la basura y su importe. Evidentemente, no todo el mundo conserva días, semanas o meses los tiques de compra de todo lo que tiene en casa, así que lo que hay que hacer es aportar todas las pruebas posibles para negociar una indemnización.

Hacer fotografías de los alimentos deteriorados es por tanto fundamental, sobre todo si teníamos comida especialmente cara o teníamos el congelador o el frigorífico repleto porque acababas de hacer la compra del mes o ibas a celebrar una fiesta en casa.

Esas imágenes, unidas a los datos que manejes tanto tú como la eléctrica sobre la duración del corte de luz, servirán para defender cuánta comida y por qué se ha deteriorado así como su valor aproximado. Y como al final todo dependerá de una negociación, recuerda que siempre será mejor hacerla a través de una asociación de consumidores: presionarás con más fuerza.

¿Sin luz y con niños? Nos vamos a un hotel

Hay circunstancias que te obligarán a pasar una o más noches en un hotel. Por ejemplo, si tienes niños pequeños, hay alguien en casa con pánico a la oscuridad, el termo de casa es eléctrico, es una época de mucho calor o frío y necesitas el aire acondicionado o la calefacción eléctrica... Así que busca uno con un precio razonable y cuando el problema se resuelva, pásale la factura a la compañía eléctrica.

Y encima, el ordenador, la tele o la plancha ya no funcionan

Otro problema derivado de los apagones es que al irse la luz, o al volver con una subida de tensión, los equipos electrónicos que tuvieras enchufados a la red eléctrica sufran averías. Evidentemente, como medida de precaución lo mejor es desconectarlo todo cuando se produzca un corte, pero si no te has acordado de hacerlo o no estabas en casa, la eléctrica también tiene que responder ante los problemas.

Lo primero que tienes que hacer es llevar el o los equipos averiados a un servicio de asistencia técnica para que te presupuesten el importe de cada reparación. Si es posible, que en el presupuesto indiquen que el motivo de la avería ha podido estar relacionado con un corte de suministro eléctrico.

Si el presupuesto de la reparación supera el importe de un equipo nuevo o no tiene arreglo, la eléctrica tendrá que asumir el coste del producto que compres para sustituirlo. En este caso, junto al presupuesto tendrás que aportar la factura de compra.

Si hay muchos apagones o muy largos, también te tienen que compensar un poquito

Por otro lado, ten en cuenta que la legislación también establece tu derecho a recibir una compensación económica directa independiente de los perjuicios que sufras, siempre que la avería no sea por una causa ajena a la compañía.

Eso sí, la cantidad que establece la legislación, proporcional a una parte de la facturación que habrías tenido durante los apagones, es muy reducida.

Además, para tener derecho a compensación directa deben producirse un mínimo de entre diez y veintidós cortes de luz al año, en función de que vivas en una zona con mayor o menos densidad de población, o que estés al menos entre cinco y diecinueve horas sin luz.

EN RESUMEN

- *Si sufres un corte, la eléctrica tiene que indemnizarte con todas las pérdidas económicas que sufras.*
- *En caso de que tengas que comer o dormir fuera de casa, conserva los tiques o facturas para que la compañía asuma los costes.*
- *Si la comida del frigorífico o el congelador tiene que acabar en la basura, hazle fotos antes para utilizarlas como prueba en tu reclamación.*
- *Para exigir el pago de reparaciones de electrodomésticos, llévalos a un servicio de asistencia técnica y pide que en el presupuesto indiquen que la causa ha podido ser el apagón o la posterior subida de tensión.*
- *La ley te da derecho a recibir una compensación económica directa independiente de los perjuicios que sufras, pero su cuantía es muy reducida y requiere que sufras muchos apagones o un buen número de horas sin luz al año.*

Ofertas comerciales

¿Merece la pena cambiar de compañía de luz o gas?

¿Te llaman de una compañía energética y te ofrecen un descuento pero algo te huele raro? ¿El teleoperador titubea cuando le preguntas qué pasa si te das de baja antes de un año? ¿No tienes claro la diferencia entre descuento sobre el consumo y sobre la factura?

La liberalización de los mercados de gas y la electricidad está provocando que las eléctricas se lancen a captar usuarios para que contraten sus propias tarifas, diferentes (o no tanto) de las que fija el Gobierno.

La inmensa mayoría de consumidores domésticos (los que tenemos hasta 10 kilovatios de potencia contratada) podemos optar por dos tipos de tarifas: Por un lado, la denominada Tarifa de Último Recurso (TUR), que establece el Gobierno y se publica en el Boletín Oficial del Estado (BOE) cada tres meses. Por otro están las tarifas que las comercializadoras energéticas nos ofertan también en el mercado libre.

Si tienes la TUR de gas o electricidad, tu comercializadora es una de las autorizadas por el Gobierno para ofertar esa tarifa.

Antes, el servicio era distribuido y comercializado a los usuarios por la misma empresa. Ahora, el mercado está segmentado: tu distribuidora de gas o luz (la que garantiza que te llegue el suministro a casa) es la misma de antes, pero tu comercializadora (la que te lo vende) es otra empresa. Si tienes la TUR, lo habitual es que tu comercializadora sea una filial de la compañía que te distribuye el suministro.

La cuestión es, ¿te interesa pasarte a una compañía que te oferte una tarifa de mercado libre?, ¿o es mejor lo malo conocido?

Lo primero que debes tener en cuenta es que los comerciales de las compañías energéticas no son tus amigos ni quieren ayudarte a ahorrar. Están entrenados para vender, aunque por suerte o por desgracia, en muchas ocasiones han sido formados tan mal que no tienen ni la más remota idea de lo que ofertan.

A finales de 2010, en FACUA se hizo un estudio sobre las veinticuatro ofertas de luz y gas que tenían las principales energéticas en el mercado libre y en la mayoría de los casos suponían pagar más que con la tarifa de Último Recurso (TUR), fijada por el Gobierno.

Me ofrece un descuento, ¿pero sobre qué?

El reclamo que va a utilizar el teleoperador que te llame es que te ofrece un descuento sobre lo que estás pagando actualmente. La cuestión es: ¿un descuento sobre qué?

Si te ofrecen un descuento sobre el "consumo", se están refiriendo a la parte variable de la factura, el término de energía, que depende de cuánto gas o electricidad gastes. Si te dan un descuento sobre la cuota fija, se refieren a la parte del recibo que nunca varía, el término de potencia, que va en función de las necesidades que tengas contratada en cuanto al poder calorífico del suministro de gas o la cantidad de aparatos eléctricos que necesites utilizar a la vez.

Así que ten en cuenta que, generalmente, el descuento no es sobre tu factura, sino sobre una parte de ésta. Si vas a hacer cálculos sobre la cantidad que implica esa rebaja, coge tus últimas facturas y resta el porcentaje del que te hablen a la parte que corresponda, el término de potencia o el de energía. Igual te sorprendes de lo ridícula que resulta la diferencia.

Es posible que te oferten un paquete que incluya tanto la electricidad como el gas, implicando un descuento mayor que si contratas la comercialización de solo uno de los dos servicios.

Pero es muy importante que tengas en cuenta dos cuestiones fundamentales. La primera, ¿sobre qué tarifa te ofrecen el descuento?

Hay compañías que cuando te hablan de descuento, se refieren a aplicar una reducción sobre la tarifa fijada por el Gobierno, o sea, sobre la Tarifa de Último Recurso (TUR). Pero hay energéticas muy espabiladas que, contando con que puedes creer que se refieren a la tarifa que habitualmente pagan, en realidad lo que te ofertan es un descuento sobre su propia tarifa de mercado libre.

Es decir, la compañía crea una tarifa, se inventa un descuento sobre ella y te lo oferta. ¿El truco? Que su tarifa es mucho más cara que la establecida por el Gobierno. E incluso puede que siga siéndolo después de aplicarle el descuento.

La segunda trampa que puedes encontrarte es que efectivamente, tras aplicar el descuento que te ofertan te salga un recibo de luz y/o gas lo suficientemente más económico que con la TUR que resulte interesante contratarlo, pero... tienes que pagar un seguro aparte.

Así, las energéticas te condicionan la contratación de determinadas tarifas de mercado libre a que tengas con ellas un seguro -generalmente de mantenimiento de las instalaciones o de reparaciones en el hogar. Si sumas el precio del seguro al importe de la factura una vez aplicado el descuento, es muy posible que el resultado sea una cantidad más cara que lo que pagas con la tarifa fijada por el Gobierno que tienes contratada.

Y otra cuestión es, si te dicen que el contrato tiene un año de duración, ¿qué pasa si te das de baja antes porque decides volver a la TUR o pasarte a otra compañía de mercado libre?, ¿el compromiso de permanencia implica una penalización, como ocurre en telecomunicaciones? En muchos casos no es así pero, ¿y si hay multa?

El contrato debe dejar claro si por solicitar la baja en la tarifa antes de que finalice el tiempo de permanencia que te imponen tienes que abonar una cantidad. Su importe no puede superar el valor del descuento que te hayan ofrecido a cambio de comprometerte a estar con ellos durante un número de meses. Y además debe bajar proporcionalmente conforme pase el tiempo. Así, si te das de baja un mes antes de finalizar la permanencia no pueden aplicarte la misma multa que si lo haces un mes después de darte de alta.

EN RESUMEN

- En gas y electricidad hay dos tipos de tarifas: la fijada por el Gobierno, denominada TUR, y las que ofertan las compañías en el mercado libre.
- Si te ofrecen un descuento para que te cambies de compañía, fíjate si se aplica sobre la cantidad de energía que consumes o sobre el término fijo de la factura, que va en función de la potencia contratada.
- Puede que el descuento ofertado resulte interesante, pero ten en cuenta que igual te obligan a contratar un seguro que provoca que al final, todo sea más caro.
- En caso de que la tarifa tenga un compromiso de permanencia, verifica si existe una penalización por baja anticipada y que las cantidades no resulten abusivas.

Vivienda

ALQUILERES

VIVES DE ALQUILER Y EL CASERO TE QUIERE LARGAR

¿El propietario de tu piso de alquiler amenaza con echarte cuando le venga en gana? O por el contrario, ¿te advierte que no sé qué ley te obliga a quedarte cinco años? ¿Estás asustado porque el banco ha embargado el piso y ahora no sabes si puede quitarte de en medio?

DE MOMENTO PUEDES QUEDARTE CINCO AÑOS

La Ley que regula los arrendamientos de viviendas para los contratos firmados a partir de 1995 establece los plazos de duración. Así que cuando firmas por un año para alquilar tu vivienda habitual, no solo te aseguras que durante todo ese periodo el dueño no puede echarte sino que pasados doce meses puedes renovar si quieres.

Te puedes quedar en el piso como inquilino hasta cinco años. La prórroga se produce de forma automática, así que no hace falta que avises al dueño. Y el precio se actualiza cada año conforme al índice de precios al consumo (IPC).

Eso sí, a ti nadie te obliga a quedarte. Así que treinta días antes de que finalice el primer año o cualquiera de las prórrogas anuales, no tienes más que notificarle al casero que no quieres renovar.

Y DESPUÉS, TRES MÁS

¿Qué pasa cuando finalizan los primeros cinco años de alquiler? Pues que salvo que el propietario indique lo contrario, podrás disfrutar de otras tres prórrogas anuales; es decir, si treinta días antes de que finalice el quinto año el dueño del piso no te ha enviado una notificación planteándote que no quiere renovar, tendrás derecho no solo a un año más de alquiler sino a renovar hasta un total de tres más. A partir de entonces, es decir, antes de que acabe el octavo año, el contrato se renovará en función de los plazos que acuerdes con el arrendador.

¿Y cuál es el alquiler que tienes que pagar al prorrogar después de los primeros cinco u ocho años? A partir del sexto año la renta se actualizará según lo acordado en el contrato, si no se dice nada se actualizará con las correspondientes subidas del IPC.

Si el propietario quiere que pagues más tendría que notificarte con los debidos días de antelación su intención de cambiar las condiciones del contrato. Y en ese caso, ya no prorrogarías por tres años más, sino que estarías firmando un nuevo contrato, con lo que tendrías derecho a cinco como al principio.

Para echarte, tendría que existir una cláusula especial en el contrato

Así que si durante la vigencia del contrato y las prórrogas obligatorias, el dueño del piso te dice que tienes que irte porque se le casa un hijo; hay alguien que le ofrece más dinero que tú o quiere usar la vivienda para pasar las vacaciones, dile que la ley se lo impide. Eso sí, hay una excepción en la que el propietario podría hacer que te fueras del piso, en caso de que pretenda ocuparlo porque lo necesite como lugar de residencia, por ejemplo por haber sufrido el embargo del suyo o haberse separado de su pareja o por necesidad de algún hijo. Pero para que pudiera ejercer ese derecho, tendría que constar como cláusula en el contrato dicha posibilidad. Así que al firmar, asegúrate que no aparezca o asume el riesgo que corres.

Para echarte, tendrías que montar una buena

Eso sí, el dueño del piso también podrá echar al inquilino en caso de que incurra en determinadas irregularidades: si no paga, desarrolla actividades molestas, peligrosas o ilícitas en la vivienda, la subarrienda o cede a un tercero sin permiso, le provoca daños, realiza obras de envergadura no autorizadas o deja de utilizarla como residencia habitual.

Si cambia de dueño... tú de ahí no te muevas

También es posible que tu casero venda la vivienda. O que se la embargue el banco porque no pueda pagar la hipoteca. Si el nuevo dueño, particular o banco, te invita a marcharte, dile que no te apetece y que se lea la Ley la que decida. Aunque el propietario de la vivienda pueda cambiar, tus derechos como inquilino no; así que todo lo que diga el contrato debe seguir cumpliéndose. Y por supuesto las prórrogas que te permite la Ley también.

Ten en cuenta que todos estos plazos están establecidos por Ley para las viviendas destinadas a residencia habitual. Si se trata de un alquiler de temporada, por ejemplo para pasar unas vacaciones o la duración de un curso si es un piso de estudiantes, no hay derechos de prórroga salvo que el contrato que se pacte con el dueño así lo establezca.

Me piden una fianza para alquilarme el piso

El propietario puede pedirte como fianza una mensualidad de renta anticipada, para garantizar el cumplimiento del contrato y los desperfectos que puedas ocasionar. Hay que tener cuidado con que te quieran incluir en el contrato otro tipo de garantías, como que alguien te avale, ya que esto tendrían que comunicártelo previamente antes de firmar el contrato.

EN RESUMEN

- *El contrato de alquiler de una vivienda habitual te garantiza que puedes quedarte en ella hasta cinco años.*
- *Si no te comunican lo contrario con treinta días de antelación, el contrato se prorrogará hasta otros tres años más.*
- *La renta se actualiza cada año conforme al Índice de precios al consumo.*
- *En caso de que al finalizar el quinto o el octavo año el casero quiera subir el precio, se trataría de un contrato nuevo, con lo que volverías a tener derecho a cinco años, como al principio.*
- *El propietario solo puede echarte de la vivienda si la necesita como su propia residencia y esa posibilidad figurase en el contrato.*
- *O si cometes determinadas irregularidades: no pagas, subarriendas el piso, haces obras no autorizadas...*

Compra

Y por fin, te vas a comprar un piso

¿Ves cómo pasan los meses y las obras aún no han comenzado? ¿No quieren incluirte el garaje en el precio aunque la publicidad lo anunciaba? ¿Nadie te informó de los gastos y tienes miedo de no poder asumirlos?

Si no está todo en regla, no me compro el piso

Una vez terminas la ardua tarea de buscar y encontrar tu piso ideal, empieza una nueva etapa algo más complicada: la compra de la vivienda. Hay ciertos factores que debes tener en cuenta para que resulte lo más segura posible.

Si compras sobre plano, es decir, si la vivienda está en fase de construcción, debes comprobar si cuenta con la autorización para iniciar las obras. A esto se le llama Licencia de edificación. Para averiguar si la casa que quieres comprar cuenta con esta autorización debes consultarlo en el Ayuntamiento del municipio donde se está construyendo.

Por otra parte, también puedes comprar una vivienda ya construida, es decir, que adquieres a un promotor; o una de segunda mano, que compras a un particular. En ambos casos es necesario visitar la vivienda y comprobar su estado de habitabilidad.

Si no quieres llevarte un susto el día de mañana, también debes consultar la situación de la vivienda en el Registro de la Propiedad. En primer lugar verifica que la persona o empresa que te vende el piso es realmente quien dice ser, es decir, la propietaria. Luego, asegúrate que los impuestos de la vivienda están al corriente de pago.

En el caso de que la casa que te compres conlleve una cuota por los gastos de comunidad, cerciórate también de que no tenga ninguna pendiente.

En la publicidad decía zonas verdes

Cuando te intereses por una vivienda nueva, conserva la publicidad. Puede serte de utilidad en caso de que no se cumplan las condiciones y características que anunciaban sobre tu casa. En este sentido, debes saber que la publicidad debe ajustarse a la realidad, es decir, no puede engañarte o confundirte al omitir cuestiones fundamentales. Además forma parte del contrato y, por tanto, si lo anunciado no se corresponde con la realidad puedes reclamar su cumplimiento.

Un ejemplo práctico: En la publicidad de la vivienda anuncian zonas verdes y, cuando se termina la construcción, donde debía ir un jardín solo hay un solar lleno de malas hierbas. En este caso, puedes exigir a la promotora que lo limpie y plante un jardín decente. Otra posibilidad sería pedir junto al resto de propietarios que os devuelvan una parte del dinero para que la comunidad pueda hacerse cargo, o que cada afectado reclame su parte proporcional.

La señal o arras

Cuando compras una vivienda, es habitual que entregues una cantidad de dinero como señal o arras. Si el contrato llega a feliz término, lo abonado formará parte del precio a pagar, pero ¿qué sucede si una de las partes se echa para atrás y no se firma?

La entrega supone el compromiso, tanto por parte del comprador como del vendedor, de llevar a cabo la compra-venta. Por tanto, si una de las partes no quiere firmar el contrato, la otra puede pedir el cumplimiento del acuerdo.

Debes saber que las condiciones son distintas según el tipo de arras que se establezcan: confirmatorias, penitenciales y penales. Si por la razón que sea, la compra de tu piso no llega a buen puerto, debes saber qué tipo de señal has entregado.

En el caso de tratarse de Arras Confirmatorias, si una de las partes se retracta, la otra puede exigir una indemnización por el incumplimiento que puede ser igual a la cantidad entregada u otra, que dependerá de los daños y perjuicios causados.

Respecto a las Arras Penitenciales, si el comprador se echa para atrás pierde el dinero abonado y si es el vendedor, éste debe devolver al comprador el doble de la cantidad entregada. Por último, en caso de tratarse de Arras Penales, la indemnización en caso de incumplimiento debe estar establecida previamente por escrito, sea quien sea el que incumpla su parte del contrato.

Si en el documento que firmas al entregar la señal no se indica de qué tipo se trata o no se especifica ninguna penalización por incumplimiento, se entenderá por defecto que se trata de Arras Confirmatorias.

Revisa tu contrato, que no falte ni un detalle

Antes de firmar el contrato de compra-venta léelo bien. Hay ciertos aspectos que deben aparecer como mínimo: tus datos, los del vendedor, la fecha de entrega, el precio, la forma en la que vas a pagar la casa y las consecuencias de no cumplirlo. También debe indicarse la localización de la vivienda y los metros cuadrados útiles de los que dispone. Si ya está construida, también deben indicarse los datos registrales.

En el caso de que esté en construcción, debe señalarse la fase de ejecución en la que se encuentra y la fecha de la Licencia de Edificación. Asimismo, es importante que conste la empresa que garantiza las cantidades entregadas a cuenta, pero de este punto ya profundizaremos más adelante.

Un factor importante del contrato es la fecha de entrega. Recuerda que debe ser una fecha concreta, no puede estar condicionada por hechos o circunstancias que dependan de la voluntad del vendedor.

En este sentido, por ejemplo, no bastaría con indicar que la vivienda te la entregarán cuando obtengan la licencia de primera ocupación, ya que esto y no decir nada, es lo mismo. No te imaginas la cantidad de circunstancias que pueden alargar tan esperado acontecimiento, así que exige que se establezca un plazo de entrega concreto en el contrato.

Ojo con las cláusulas abusivas

Debes prestar especial atención al contenido del contrato, ya que pueden colarte cláusulas abusivas que te perjudiquen enormemente. Si compras una vivienda nueva, es habitual que el comprador te dé la opción de subrogarte en la hipoteca que ya existe a nombre del promotor. En este caso, puedes decidir si quieres continuar con esa hipoteca o hacerla con otro banco. Debes tener claro que no pueden obligarte a subrogarte a la hipoteca del promotor y que si decides firmarla con otra entidad no pueden cargarte a ti los Gastos de Cancelación. También es habitual que intenten imponerte un notario determinado para la firma de las escrituras. Sin embargo, el comprador es el que tiene derecho a elegir en este caso.

En contratos de vivienda nueva puedes encontrarte una cláusula que indique que el vendedor se queda con toda o parte de las cantidades que se entregaron a cuenta si no cumples tus obligaciones como comprador. Esta cláusula también sería abusiva, siempre que no se recoja una condición similar en caso de ser el vendedor quien incumpla.

Tu suelo debía ser de mármol, pero es de gres

El documento donde se enumeran las características de la vivienda se llama Memoria de Calidades y está anexo al contrato de compra-venta. En esta Memoria se describen desde el tipo de suelos, puertas y grifería, hasta si cuenta con vídeo portero. Este documento también forma parte del contrato y, por tanto, puedes exigir que la vivienda reúna las condiciones que se indican en él. Es decir, si la Memoria de Calidades dice que el suelo es de mármol, pero cuando te entregan la vivienda resulta que es de gres, tienes derecho a reclamar su cumplimiento.

A pesar de esto, debes saber que es habitual que en los contratos se incluyan cláusulas donde el vendedor se reserva la posibilidad de modificar aspectos de la vivienda, como su distribución, materiales u otras características recogidas en la Memoria de Calidades o en el proyecto.

Todos los cambios te los deben comunicar. Si además suponen una variación en el precio tienen que decirte cuánto te va a costar de más o lo que te van a devolver, dependiendo del caso. Para ello deben contar, por supuesto, con tu consentimiento.

En caso de que las modificaciones supongan una variación de envergadura de la vivienda que compraste sobre plano, tienes derecho a resolver el contrato y que te devuelvan la cantidad de dinero entregada hasta el momento.

El tiempo pasa y las obras no empiezan

Lo normal, cuando compras una vivienda en construcción, es que tengas que pagar una parte del dinero en la fecha que acuerdes en contrato. A ese dinero se le conoce como cantidades entregadas a cuenta. Debe estar garantizado por un banco mediante aval o por una compañía aseguradora mediante una Póliza de afianzamiento.

Cuando firmas el contrato, el promotor debe darte un documento que va a garantizarte que te devolverán el dinero entregado si se excede el plazo para iniciar las obras o para entregarte la casa y decides no continuar con la compra. Si esto ocurre y el promotor no te devuelve el dinero, el banco o el seguro se responsabilizarán de ello. Este documento es la Póliza individual de la garantía y puede salvarte de un gran apuro. Exígelo cuando firmes el contrato, porque es muy habitual que las promotoras no lo entreguen o quieran cobrarte para entregártelo. Recuerda que no puede suponer gasto alguno para el comprador.

Si a pesar del retraso en la entrega de tu casa decides continuar con la compra, puedes exigir una indemnización. La cantidad de la misma depende de lo que estipule tu contrato para este caso. Si no indicara nada o la cantidad prevista resultase inferior a los perjuicios causados, podrás pedir los gastos que te haya generado el retraso, por ejemplo, el coste del alquiler de un piso o el guardamuebles.

Y ahora, a pagar impuestos

La venta de una vivienda genera una serie de obligaciones fiscales, tanto para el que compra como para el que vende. Para que no te cuelen gato por liebre, es necesario saber quién está obligado a pagar cada impuesto, aunque en algunos casos se puede pactar.

Si compras una vivienda nueva, debes asumir el pago del IVA y el Impuesto de Actos Jurídicos documentados (a no ser que se trate de una vivienda pública). Si se trata de vivienda de segunda mano, solo tendrías que hacerte cargo del Impuesto de Trasmisiones Patrimoniales.

Por su parte, la persona o empresa que te venda la casa debe hacerse cargo de la plusvalía, tanto si se trata de una vivienda nueva como una de segunda mano. Revisa tu contrato, porque aunque sea una obligación del vendedor, es frecuente que intenten que asumas tú la plusvalía.

Aparte de los impuestos, también tienes que asumir una serie de Gastos notariales y regístrales. En caso de que contrates los servicios de una gestoría para que realice los trámites, también deberás asumir estos gastos.

Si la vivienda tiene una hipoteca del anterior propietario, es necesario que se cancele antes o en el momento de la compra. El vendedor, aparte de abonar la cantidad que quede pendiente de la hipoteca, tiene que pagar los Gastos de la Cancelación registral y notarial.

EN RESUMEN

- *Si la vivienda aún no se ha construido, infórmate si cuenta con Licencia de Edificación.*
- *En caso de que ya esté construida o sea de segunda mano, comprueba su situación en el Registro de la Propiedad y si está al día en las cuotas a la Comunidad de Propietarios.*
- *En el contrato deben aparecer los datos relativos a las partes y a la vivienda, además de la fecha de entrega, precio y forma de pago.*
- *Lee bien todas las cláusulas antes de firmarlas y exige la eliminación de aquellas que sean abusivas.*
- *La publicidad y la Memoria de Calidades forman parte del contrato, por tanto, puedes exigir todo lo que ella recoja.*
- *En las viviendas en construcción, es obligatorio que se constituya una garantía sobre las cantidades que se han entregado a cuenta.*

EL PISO QUE ME VENDIERON TENÍA DE TODO... HASTA GRIETAS

¿Tu casa tiene tantas humedades que es imposible respirar en ella? ¿Fueron a reparar una grieta y estropearon la instalación eléctrica? ¿El humo de la chimenea sale por el cajón de la persiana?

EL PISO ES NUEVO PERO LAS VENTANAS NO CIERRAN

Una vez encuentras la casa perfecta y consigues financiación para comprarla, llega el momento de estrenarla. Sin embargo, puedes llevarte más de una sorpresa, como que tenga defectos.

Lo primero que debes hacer cuando visites tu nueva vivienda es revisar bien cada habitación. Comprueba principalmente si funcionan los enchufes e interruptores, así como el agua fría y caliente en el baño y la cocina. Además, asegúrate de que la solería no tiene picaduras ni roturas y verifica el estado de la carpintería de madera y metálica. Si tras realizar esta inspección encuentras defectos, no realices ninguna reparación por tu cuenta. Debes ponerlo en conocimiento de la promotora lo antes posible a través de un listado por escrito o del formulario que te hayan facilitado al respecto.

Lo habitual es que la promotora te proporcione un impreso para que indiques los defectos detectados. Recuerda que una vez lo entregues a la empresa, deben sellártelo indicando la fecha. En caso de que no te faciliten ningún documento, puedes redactar tu mismo un escrito y registrarlo de la misma forma. También puedes enviarlo por cualquier medio en el que quede constancia de la fecha, como un burofax o una carta certificada con acuse de recibo.

Los plazos de garantía

Lo normal es que descubras los defectos cuando te instales en la vivienda y no en el momento inmediato de la entrega. Por ello, existen unos periodos de garantía en función del tipo de desperfecto, que varía según la fecha en la que se solicitó la Licencia de Edificación de la casa.

En caso de ser anterior al 6 de mayo de 2000 el plazo de garantía por desperfectos constructivos que afectan a la habitabilidad, estructura, estabilidad y resistencia del inmueble, es de diez años. Para el resto de defectos el periodo es de seis meses.

En caso de que la Licencia de Edificación sea posterior a esa fecha, el plazo de garantía es de diez años para defectos de estructura, como la cimentación o los forjados. Para los de habitabilidad, como humedades y grietas, es de tres años y en caso de tratarse de problemas con el acabado, como un plinto roto o una ventana arañada, el plazo es de un año. Todos ellos a contar a partir de la fecha de recepción de la obra.

Es necesario que comuniques a la promotora las anomalías detectadas en dichos plazos. En caso contrario la empresa podría no responsabilizarse.

Recuerda que los problemas que puedan surgirte con la Memoria de calidades no es un defecto constructivo, sino un incumplimiento contractual. Tal como se explica en el capítulo dedicado a compra de vivienda de este libro, la Memoria de calidades es el documento donde se enumeran las características de la vivienda y está anexo al contrato de compraventa.

El plazo para reclamar cuestiones relativas a la Memoria de calidades, al igual que cualquier incumplimiento contractual, es de quince años.

Defectos ocultos en viviendas de segunda mano

En caso de que compres una vivienda a un particular, te puedes encontrar en dos situaciones: que los defectos estén en plazo de garantía o que no lo estén. Si te encuentras en la primera situación, al igual que lo que se explica en el apartado anterior, deberás dirigirte a la promotora.

Si por el contrario, ya ha expirado el periodo de garantía, dispones de seis meses para reclamar al vendedor por Vicios Ocultos, es decir, por aquellos defectos que no eran perceptibles a simple vista. Un ejemplo de ello serían humedades disimuladas bajo una mano de pintura o la falta de corriente en algún enchufe o habitación.

En este caso, puedes optar por exigir que se solucione el problema existente o deshacer la venta con la consiguiente devolución de los gastos ocasionados. También podrías solicitar una rebaja en el precio. Si además puedes acreditar que el vendedor era conocedor de lo que ocurría, tienes derecho a pedir una indemnización por daños y perjuicios.

Tu paciencia se agota y nadie se responsabiliza

Cuando plantees una reclamación debes dirigirla a la promotora, independientemente de que la construcción de la obra haya sido llevada a cabo por otra empresa. La promotora, en este caso, es la que tendría que exigir a la constructora la resolución de los problemas que existan en las viviendas.

Puedes verte en la situación de necesitar una reparación de forma urgente, como por ejemplo una humedad que te está causando problemas de salud. Si tras plantear numerosas reclamaciones continúan sin darte una solución, puedes arreglarlo por tu cuenta y posteriormente reclamar el coste.

Previamente, debes solicitar un Informe Técnico donde un profesional acredite la existencia de los defectos, el origen de los mismos y los valore económicamente. También es necesario que comuniques a la empresa tu intención antes de realizar la reparación.

El seguro decenal

En las construcciones con Licencias de Edificación solicitadas después del 6 de mayo de 2000, el vendedor debe entregar al comprador o a la Comunidad de Propietarios una documentación conocida como Libro del Edificio con la firma de las escrituras.

Entre estos documentos se encuentra el Seguro Decenal y el promotor tiene la obligación de contratarlo. Cubre los daños causados por defectos estructurales: como problemas con la cimentación, vigas o forjados. Recuerda que para este tipo de irregularidades el plazo de garantía es de diez años.

La reparación no es adecuada

Una vez que consigues que acudan los operarios a tu casa, deberán comprobar uno por uno los defectos que has reclamado. Realizarán una evaluación de los mismos para llevar a cabo la reparación más adecuada.

Aunque ésta es la teoría, en la práctica no siempre sucede así. Es habitual que te digan que no procede la reparación o la solución no sea la adecuada para el tipo de problema. Si te encuentras en esta situación, deja constancia de ello en el parte de repasos indicando que no estás conforme y continúa reclamando el arreglo.

Si no responden, aún tienes otras opciones

Si tras interponer numerosas reclamaciones, tu casa continúa en el mismo estado o incluso ha empeorado por no haberte reparado los defectos a tiempo, utiliza las distintas vías a tu alcance para defender tus derechos. Para ello, guarda todas las reclamaciones que efectúes. Recuerda que es importante que se hayan realizado dentro de los plazos de garantía por un medio en el que haya quedado constancia de su recepción por parte de la empresa. Además, deberás solicitar a un profesional un Informe Pericial donde consten lo defectos que existen en tu vivienda, las causas que lo han provocado, la solución adecuada para su reparación y el coste que tendría.

Los plazos para plantear la demanda son distintos a los plazos de garantía que tenemos para comunicar la reclamación. En las viviendas cuya Licencia de Edificación es previa al 6 de mayo del año 2000, el plazo es de quince años. En caso de que la licencia sea posterior a esa fecha, el plazo para ejercitar la acción es de dos años desde que interpusiste la última reclamación.

EN RESUMEN

- *Una vez que te entreguen tu vivienda repasa bien todas las habitaciones y toma nota de todos los defectos que encuentres.*
- *Formula tu reclamación por escrito lo antes posible y remítela por un medio en el que quede constancia de su recepción por parte de la empresa.*
- *Ten presente los plazos para comunicar los defectos.*
- *Si te reparan algo y no estás de acuerdo, indícalo en el documento que te pasen para firmar.*
- *Guarda todas las reclamaciones que efectúes.*
- *Si por la urgencia y necesidad piensas reparar el defecto por tu cuenta, necesitas un Informe Pericial. Este documento es imprescindible si quieres demandar a la empresa.*

Banca

Solicitud de hipotecas

Buscando hipoteca desesperadamente

¿Te da la sensación de que el comercial del banco habla en un idioma extraño? ¿Quieres que tu hipoteca te deje llegar a fin de mes pero no sabes por dónde empezar a negociar? ¿Temes que tu cuota mensual aumente tanto que no puedas pagarla?

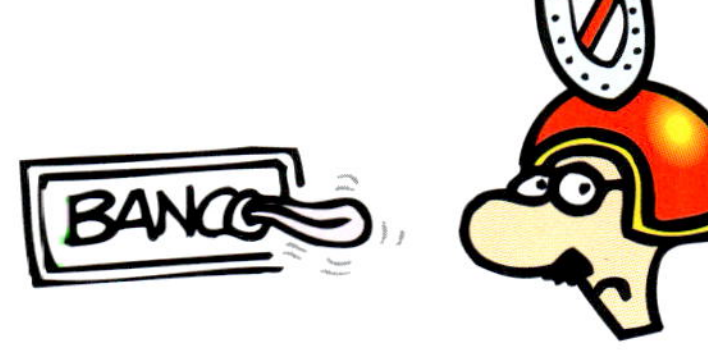

El contrato más importante de tu vida

Una vez vistos todos los detalles que debes tener en cuenta a la hora de comprar una vivienda, falta un aspecto bastante importante: ¿Cómo pagarla?

La mayoría de los mortales no dispone de unas cuantas decenas de miles de euros en su banco para poder afrontar el precio de una vivienda. Por eso, cuando decides comprarte una casa empieza una desesperada búsqueda de algo que hasta ahora no sabías exactamente qué era, pero que va a marcar, casi de por vida, todos tus finales de mes: la hipoteca.

Esta extraña palabra, que procede de la lengua griega clásica, es la clave para poder asumir el pago de esta inmensa cantidad de dinero y, por tanto, para conseguir las llaves de tu tan ansiado hogar.

Cuando decides realizar una hipoteca debes asumir que te enfrentas a uno de los contratos más importantes de tu vida, al cual vas a permanecer ligado durante varias décadas. Por este motivo, es esencial que estudies cuidadosamente las condiciones del contrato que vas a firmar y que te asesore una asociación de consumidores si te surge cualquier duda.

Navegando en un mar de ofertas hipotecarias

Una vez decides comenzar la desesperada búsqueda de una hipoteca, te lanzas a la calle o investigas por Internet para ver qué ofertan las distintas entidades bancarias. En este punto, llegas a la conclusión de que resulta frustrante descubrir que no sabes ni por dónde empezar cuando tienes delante la publicidad de un préstamo hipotecario. Lo primero que debes tener en cuenta es qué quieres y prestar especial atención a las distintas variables que explicamos a continuación.

Que no te cueste un ojo de la cara

Para determinar si una hipoteca es cara o barata, tienes que acudir de nuevo a una palabra extraña: la Tasa Anual Equivalente, también conocida como TAE. Esta tasa es el resultado de una fórmula matemática que incorpora el tipo de interés nominal, los gastos y comisiones bancarias y el plazo de la operación.

En otras palabras, la TAE te indica el porcentaje que debes pagar en concepto del coste del préstamo. Es un dato que debe indicarse obligatoriamente en todos los anuncios de hipotecas y que te va a ayudar a comparar de manera efectiva las ofertas de las distintas entidades

Por lo tanto, el primer y fundamental punto a tener en cuenta es que si el número que viene al lado de la palabra TAE es alto, la hipoteca es cara, y si es bajo, es barata. Sabiendo esto, ya has dado el primer paso para poder comenzar a comparar ofertas.

La hipoteca no lo cubre todo

Además de lo que te cueste la casa, comprar una vivienda supone un altísimo desembolso económico en pago de impuestos y escrituras. Debes conocer qué te cubre la hipoteca y qué otros gastos tienes que abonar al principio.

Todo lo que no te cubra la hipoteca, obviamente tienes que abonarlo en el momento de realizar la operación. Es decir, debes tener ese dinero ahorrado.

En principio, la hipoteca solo cubre el precio del inmueble, aunque todo es negociable. Puede ser al 100% del valor de la vivienda o porcentajes inferiores. El resto de gastos puede suponer aproximadamente un 10% del valor del inmueble, que al no estar cubierto con la hipoteca como norma general, tienes que pagarlo íntegramente.

Si la hipoteca es por ejemplo al 80%, tienes que afrontar el 20% del valor del inmueble más los gastos que correspondan. A esto es lo que se le suele llamar coloquialmente la entrada.

Conseguir llegar a fin de mes

Que tu hipoteca te permita llegar a fin de mes dependerá de dos factores básicos. El primero es la cantidad de dinero que dispones cada mes, es decir, lo que cobras. El segundo aspecto es lo que vas a tener que pagar mensualmente. A esto último se le llama cuota.

Si bien el aumento del primer factor (tu sueldo) no te puedo explicar cómo mejorarlo, respecto al segundo sí que hay cosas a tener en cuenta para reducirlo.

Para no verte agobiado con la hipoteca, lo ideal es que la cuota no supere el 30 ó 35% de tus ingresos netos (todo lo que cobras menos tus gastos fijos periódicos). Si la cuota supera este porcentaje, las opciones son dos: pagar en un plazo más amplio de tiempo o buscarte una vivienda más económica.

La hipoteca te ahoga cada vez más

Está claro que la cuota es lo que pagas cada mes, pero ojo, la cantidad va a ir variando a lo largo de la vida de la hipoteca. Evidentemente, si crecen demasiado las consecuencias pueden ser muy negativas.

Este aspecto, que puede hacer que la hipoteca te ahogue poco a poco, es la Revisión de la Cuota. Cada cierto tiempo se revisa por el banco y se modifica de acuerdo a lo firmado en el contrato.

Lo más habitual es que se revise de acuerdo a un Índice de Referencia (los más comunes son Euribor o IRPH) al que se le suma el porcentaje que hayas firmado, al que se le llama diferencial. Los Índices de Referencia son públicos y dependen de movimientos macroeconómicos. Por ejemplo, si en el contrato pone que tu hipoteca tiene "*Euribor más el 1%, revisable anualmente*" significa que cada año (contando desde el día que firmaste la operación), te revisarán lo que marque el Euribor en ese momento más un 1% de lo que tienes que pagar de cuota. El resultado de esta cuenta es lo que pagarás de hipoteca hasta la siguiente revisión.

Conclusión práctica: a mayor diferencial más irá creciendo tu cuota, con lo que la sensación de ahogo en un futuro puede ser más evidente.

Que no incluya "sorpresitas" desagradables

Hay veces que las hipotecas vienen cargadas de sorpresas. Para que no te lleves un susto cuando menos te lo esperas, es importante tener las cosas claras en la firma del contrato.

Una de las sorpresas más habituales es cuando ves en las noticias que tu Índice de referencia (Euribor, IRPH...) ha bajado, pero tu hipoteca se ha quedado igual. En este caso, es posible que tu hipoteca tenga una Cláusula Suelo. Esto significa que tienes un tope que no te va a permitir reducir la cuota por debajo de un límite. Para no verte perjudicado por esta cláusula, en el momento de contratar la hipoteca hay que buscar si existe y negociar su eliminación o, al menos, la reducción de ese límite.

Otra práctica común es cuando recibes una cantidad de dinero y quieres pagar parte de lo que te queda de la hipoteca, pero resulta que te cobran por hacer esta operación. En este caso, seguro que tienes comisiones por amortizar total o parcialmente la hipoteca, es decir que tienes que asumir un tanto por ciento de la cantidad que abones por adelantado. Una vez más, lo ideal será localizar en el contrato si existen estas comisiones y antes de firmarlo negociar la eliminación o la reducción del porcentaje a pagar.

En todo caso, es importante saber que esta comisión no puede superar el 0,50% del dinero que pagues anticipadamente para los primeros cinco años y el 0,25% si es posterior a este momento.

Productos vinculados

Es muy habitual que el banco condicione la concesión de la hipoteca a que contrates otros productos, como tarjetas, Seguros del hogar o Seguros de impago entre otros.

Algunos de estos productos vinculados pueden suponer tener que asumir riesgos importantes. Los más peligrosos son los Swaps, los Clips financieros o los Seguros de cobertura de tipos. Si oyes hablar de alguno de ellos corre a asesorarte.

Debes tener claro que el único contrato que es obligatorio realizar junto a la hipoteca es el del Seguro de incendios y que lo puedes hacer con la aseguradora que tú elijas.

Y TUS PADRES EN TODO ESTO, ¿QUÉ PINTAN?

La garantía que tiene el banco en caso de impago es la propia vivienda hipotecada, es decir, el banco se queda con la casa si no pagas. Si encima tu vivienda se ha devaluado y no cubre la deuda pendiente, además de quitártela, seguirás debiéndole dinero al banco. A pesar de esto, las entidades suelen pedir más garantías. Aquí entra en juego tu padre, madre, amigo íntimo o quien quiera que sea el que asuma el riesgo de que si no pagas la hipoteca tú, la va a tener que pagar él.

A esta persona, que confía ciegamente en ti, se le llama avalista. Será la persona que busque la entidad bancaria en caso de que dejes de pagar alguna de las cuotas.

Normalmente cuando son varios los avalistas, se suele indicar que son solidarios. Aunque "a priori" pueda sonar bien, lo que significa para la entidad bancaria es que, en caso de impago del titular, puede dirigirse indistintamente a cualquiera de los avalistas para que afronte el total de la deuda pendiente.

LAS ESCRITURAS DE TU CASA

Para terminar, el contrato de hipoteca debe ser elevado a Escritura Pública. Esto significa básicamente que el contrato tiene que firmarse ante un notario, que dará fe del mismo y lo inscribirá en el Registro de la Propiedad, para que todo el mundo conozca su existencia. Son puras formalidades que exige nuestro Ordenamiento Jurídico para dotar de mayor garantía a un contrato de estas características y que, por supuesto, se traducirá en un mayor coste de notaría, gestoría y tasas del registro. Para ello, un representante de la entidad financiera y tú pediréis cita ante el notario. Éste os leerá el contrato, lo firmaréis y habrás adquirido un compromiso casi de por vida.

Meses después, la gestoría (a veces a través de la entidad bancaria) te entregará una copia de las escrituras, que contiene el contrato que firmaste. Debes guardar este documento como oro en paño y acudir a él cuando surja cualquier duda con la hipoteca.

EN RESUMEN

- *Un contrato de tal magnitud necesita de un estudio adecuado previo y, si es necesario, del asesoramiento de una asociación de consumidores.*
- *Endeudarse por encima del 30 ó 35% de tus ingresos netos, puede suponer un problema en el futuro.*
- *El TAE es el dato más importante para poder comparar el coste de las distintas operaciones hipotecarias.*
- *El diferencial pactado marca la comodidad con la que vas a poder ir pagando la hipoteca.*
- *Antes de firmar, localiza si existen Cláusulas Suelo o Comisiones por Amortización (parcial o total).*
- *Los avalistas van a responder de forma individual del total de la deuda que haya generado tu impago.*

Subrogación de hipotecas

Si no mejora mi hipoteca, me la llevo

¿Notas que tu hipoteca te está ahogando y piensas que algo debe cambiar? ¿Te encuentras con anuncios que ofertan condiciones mejores que las que tienes? ¿Eres el que más paga por la hipoteca de tu bloque?

Hay cosas que sí podemos cambiar

Si bien en el capítulo anterior pudiste comprobar que el contrato de hipoteca te va a vincular a él durante una gran cantidad de años, en este encontrarás algunos aspectos que seguro que te van a ayudar a hacer más llevadera esta carga.

En primer lugar, hay una cosa que, por más que te pese, siempre te va a acompañar. Es la deuda general que contraes con una entidad bancaria: básicamente, el precio del inmueble que compras más los intereses. Este peso no te lo podrás quitar de encima hasta que lo pagues en su totalidad. A partir de aquí, hay muchas cosas que puedes cambiar, y beneficiarte de esos cambios.

Subrogar, o cambiarse por algo

A priori, subrogar podría verse como un palabro jurídico pero, aunque suene realmente mal, su significado es más sencillo de lo que parece: basta con sustituir subrogar por cambiarse por.

¿Cómo se aplica esta definición a tu hipoteca? Partiendo de que es un contrato entre dos personas (por un lado la entidad, y por el otro tú, el deudor), subrogar sería algo tan simple como cambiar una de esas partes por otra.

Relevar al deudor

Cuando estás interesado en comprar una casa sobre la que pesa una hipoteca pendiente, lo que se hace en algunos casos, en lugar de formalizar un contrato nuevo, es subrogar el deudor.

Así, el vendedor (normalmente un promotor), releva en la persona del nuevo deudor la carga de la hipoteca. Es decir, la deuda con la entidad financiera sigue pendiente: el banco seguirá cobrando, pero el que pasará a pagar serás tú. Esta opción es frecuente si quieres comprar una vivienda nueva, pero no por ello estás obligado a aceptarla.

La recomendación principal si optamos por esta alternativa es la de tener cuidado al calcular los costes de la operación, comprobar bien las características de la hipoteca que vamos a asumir y, sobre todo, comparar con otras opciones financieras que nos ofrezcan otras entidades

Puedes mejorar tu oferta

Al igual que se subroga el deudor, se puede subrogar el acreedor. Si estás pagando rigurosamente todos los meses tu hipoteca y te encuentras con una oferta que mejora tus condiciones, adelante: puedes hacerlo.

Aunque te pueda parecer imposible, nunca está de más acudir a varios bancos y comparar en distintas entidades financieras para ver si te pueden mejorar las condiciones. Muchas veces puede uno llevarse una sorpresa agradable.

Si ha habido suerte, es el momento de ver cómo puedes cambiar la hipoteca de una entidad a otra. Lo primero que tienes que hacer es asegurar que el compromiso con nuestra nueva pretendiente sea realmente serio. Para ello, bastará con que nos hagan una oferta vinculante en la que se indiquen las condiciones que nos proponen.

Tras estudiar bien la oferta y, en caso de que sea necesario, haber solicitado asesoramiento, el posible nuevo banco entrará en contacto con la entidad que quieres abandonar para que le indique el total de deuda que te queda por pagar. Sin embargo, tu banco original todavía puede intentar hacer méritos y conservarte como deudor por medio de una contraoferta. Para ello tendrá que igualar o mejorar las condiciones ofertadas por la otra entidad en un plazo de quince días. Eso sí, este compromiso deberá hacerse ante un notario.

En caso de que no te la mejoren, llegará el momento del cambio: tu nuevo banco pagará la deuda pendiente a la entidad que abandonas, y desde ese momento, pasarás a deberle la cantidad renegociada al nuevo banco que te da la bienvenida. Eso sí, no sin antes pasar por notaría y formalizar tu nueva relación.

Prepárate para los costes

Para subrogar una hipoteca, hay una serie de costes que debes tener en cuenta. Cuando es el deudor el que se subroga, los gastos se centrarán en pagar al notario y las tasas por inscribir en el Registro de la Propiedad.

Si se trata de la subrogación del acreedor, además de los pagos anteriores, tienes que comprobar si tu hipoteca establece el pago de una Comisión por Amortización Anticipada.

Lo que esto significa es, básicamente, que has de indemnizar a tu entidad de origen si decides pagar el total de la deuda antes de que finalice el periodo estipulado inicialmente. En este caso, será tu entidad pretendiente la encargada de hacerlo, pero te repercutirá a ti el coste a no ser que se comprometa a lo contrario. El motivo por el que muchos bancos aplican este supuesto es que, ante una decisión como esta, la entidad financiera va a perder la cuantía económica correspondiente a los intereses de todos los años que nos quedaban por delante.

Sin embargo, en caso de que esta Comisión por Amortización Anticipada no aparezca, enhorabuena: no tendrás que pagar absolutamente nada. Pero si consta, tienes que saber que el porcentaje de indemnización no puede pasar nunca del 1% aplicado a la cantidad que te queda por abonar.

A modo de ejemplo, si te quedan por pagar 30.000 euros, la cantidad pactada para esta comisión del 1% sería un importe de 300 euros. Ésta será como máximo la cantidad total que tendrás que pagar a tu banco por llevarte tu hipoteca con otro.

Irte no es siempre la mejor opción

Como puedes comprobar, el procedimiento de subrogación está regulado de forma bastante clara y no se presta a demasiada confusión: se trata, tan solo, de seguir el paso conveniente en cada momento.

La recomendación más acertada antes de dar el paso, es la de calcular todos los costes y negociar con las entidades quién se encargará de asumirlos, puesto que la norma no aclara nada este aspecto. Por ello, será esencial para que te vayas o te quedes con una entidad que sopeses si te ofrecen asumir algunos costes.

Quizá por este motivo será oportuno que hables con el banco en el que tienes la hipoteca antes de plantearte dar el salto a la oferta vinculante de un tercero. Ante estas circunstancias, puede ser que te planteen posibles mejoras en el contrato que ya tienes, y que se nos apliquen por un menor coste. De gran importancia será, para ello, recurrir a la elaboración de un estudio económico-jurídico realizado por personas cualificadas en la materia.

EN RESUMEN

- *El concepto básico de subrogación significa "cambiarse por".*
- *Una hipoteca no tiene por qué vincularnos necesariamente todo el tiempo que dura el contrato con una misma entidad.*
- *Es de gran importancia asesorase y estudiar bien la oferta vinculante antes de aceptarla.*
- *La "Comisión por Amortización Anticipada", no puede superar el 1% de la deuda pendiente.*
- *En este tipo de procedimientos, el diálogo y la negociación con las entidades es algo primordial.*

Créditos al consumo

Desde luego el préstamo es muy interesante... ¡tiene el 20% de interés!

¿Financiaste una lavadora y desconoces el precio final que te acabará costando? ¿Devolviste el televisor porque no funcionaba y no te han reembolsado los cargos del banco? ¿Quieres pagar antes de finalizar el contrato pero no sabes si te van a cobrar por ello?

Financiar un producto o servicio

Para que exista un Crédito al consumo es necesario que una de las partes del Contrato de financiación sea un consumidor.

Por ejemplo, si financias un ordenador para tu uso personal se te aplicará la normativa específica que regula el Crédito al consumo, pero si lo compras para la oficina del trabajo no contarás con esta protección.

Diferencia entre crédito y préstamo

Es habitual que en la calle se empleen los términos crédito y préstamo como sinónimos, pero no lo son. Ambos son instrumentos de financiación, es decir, contratos que facilitan el acceso a recursos económicos para adquirir un bien o un servicio.

Cuando solicitas un crédito desconoces lo que vas a gastar exactamente. La entidad financiera pone a tu disposición una cantidad de dinero que considera que eres capaz de devolver. Según tu nivel adquisitivo el banco te facilitará tarjetas con más o menos crédito. En caso de utilizarlas tendrás que devolver el dinero del que hagas uso junto a sus respectivos intereses.

En el caso de un préstamo, se trata de una cantidad concreta que tendrás que devolver junto a los intereses pactados. La gran diferencia entre ambos es que en el caso del crédito no sabes cuánto necesitas ni si lo vas a utilizar, mientras que el préstamo es para una cantidad y un acto concretos. El contrato de Crédito al consumo puede articularse bajo la forma de pago aplazado, préstamo, apertura de crédito o cualquier medio equivalente de financiación.

Los contratos tienen limitaciones

El primer límite es que la persona a la que se le preste el dinero sea un consumidor. Sin embargo, existen otros límites que debes tener en cuenta para poder exigir los derechos reconocidos en la normativa en materia de Crédito al consumo.

Las limitaciones más importantes que debe conocer un usuario medio son las referentes al dinero que se garantice con una hipoteca, a los Contratos de crédito por importe inferior a 200 euros y los concedidos por un empresario sin que estén dirigidos a un público en general.

Pide información antes de firmar

Antes de la celebración del contrato, y si así lo solicitas, el prestamista está obligado a entregarte un documento con todas las condiciones de financiación. Este documento es una oferta vinculante que debe mantener durante un plazo mínimo de catorce días naturales desde su entrega.

A pesar de que la ley exige que te faciliten una serie de información antes de firmar el contrato, no está de más que solicites ciertos datos por si existe un descuido por parte del comercial. En primer lugar, asegúrate si conoces con quién estás contratando. Lo normal es que haya una entidad financiera y a veces también un intermediario. Por ello, confirma la identidad y el domicilio social de los dos, ya que si surgen problemas en el futuro debes saber a dónde dirigirte. Asimismo, pide información del importe total prestado o las condiciones de las cantidades puestas a tu disposición. Recuerda preguntar sobre la Tasa Anual Equivalente (TAE). Tal como se explica en capítulos anteriores, es el precio que pagas porque te presten dinero. Es un elemento básico para comparar entre los distintos productos y elegir el más barato. También es fundamental consultar el importe, el número y la periodicidad de los pagos que vas a tener que efectuar, así como cualquier otro gasto que te suponga, como por ejemplo las comisiones de mantenimiento o las de amortizaciones totales y parciales.

Pregunta sobre las consecuencias en caso de impago de alguna de tus obligaciones y la existencia o ausencia de un derecho a desistir del contrato en un plazo determinado. Si existen contratos accesorios, normalmente seguros, debes consultar las condiciones de los mismos.

Contratos vinculados

El crédito o préstamo vinculado es aquél que se utiliza para adquirir un bien o servicio concreto, es decir, te pones de acuerdo con el vendedor para financiar la compra de forma total o parcial. Prácticamente en un mismo acto estás comprando y contratando el Crédito al consumo.

Un ejemplo común es cuando compras un electrodoméstico en la propia tienda y decides pagarlo a través de un Crédito al consumo. Aquí se plantea uno de los problemas más comunes: Si compras un aparato que se estropea y no se puede arreglar, y tus Contratos de consumo y de financiación no están vinculados, tienes que seguir pagando las letras aunque ya no disfrutes del producto.

Para que esto no ocurra, en el Contrato de financiación debe venir reflejado que la cantidad prestada es para un bien de consumo concreto. Tiene que indicarse la identidad tanto del prestamista como la del vendedor.

La ineficacia del contrato de consumo determinará también la ineficacia del contrato de crédito o préstamo destinado a su financiación. Es decir, tienes derecho a dejar de pagar las cuotas pendientes si, por ejemplo, la academia de inglés en la que estabas estudiando cierra sus puertas antes de finalizar el curso. Para ello se deben cumplir dos requisitos. El primero es que no se haya entregado por completo el bien o servicio contratado o no sean conforme a lo pactado en el contrato. Éste sería el ejemplo de un electrodoméstico que nunca llegó o que no funciona.

El segundo requisito, es que se haya reclamado judicial o extrajudicialmente contra el vendedor y no haya obtenido la satisfacción a la que se tiene derecho. Antes de dejar de pagar hay que hacer una reclamación al vendedor. Es recomendable que estas gestiones se realicen con una asociación de consumidores.

Puedes pagar antes de finalizar el contrato

Al derecho a pagar antes de finalizar el contrato se le conoce en lenguaje jurídico como reembolso anticipado. Puedes ejercerlo sobre toda la deuda que te quede pendiente así como solo sobre una parte de la misma. Además, al hacerlo tienes derecho a una reducción del coste total del crédito o préstamo que comprenda los intereses y costes correspondientes a la duración del contrato que quede por transcurrir.

Ten cuidado, porque es posible que la entidad te quiera cobrar una comisión por ello. En este caso debes saber que no podrá ser superior a un 1% del importe que pagues si el plazo que quedaba fuese superior a un año. El porcentaje se reduce a un 0,5% de máximo si el plazo fuese inferior a un año.

EN RESUMEN

- *Para que exista un préstamo o Crédito al consumo es necesario que el producto o servicio esté destinado a un consumidor final.*
- *En un Crédito al consumo te deben facilitar una oferta vinculante con información básica que deben respetar al menos catorce días.*
- *La ineficacia del Contrato de consumo determinará también la ineficacia del Contrato de crédito o préstamo destinado a su financiación, siempre que ambos esten vinculados.*
- *Si decides pagar antes de finalizar el plazo, las comisiones que puede cobrarte la entidad financiera están limitadas.*

COMISIONES

UNA COMISIÓN POR QUEDARTE EN NÚMEROS ROJOS Y... ¿OTRA POR CONTÁRTELO?

¿Tienes la impresión de que el banco te cobra hasta por respirar? ¿Has visto alguna vez una anotación en tu cuenta por un concepto que ni siquiera entendías? ¿No sabes si todas las comisiones que pagas son legales?

LO QUE COBRA EL BANCO POR SUS SERVICIOS

Una comisión es el precio que pagas a tu entidad financiera por prestarte un servicio concreto. En este sentido las comisiones se suelen generar por gestiones realizadas por el banco, como puede ser enviar una transferencia, cambiar divisas, administrarte una cuenta, formalización o apertura de un préstamo, darte una tarjeta de crédito, etc.

100%
90%
80%
70%
60%
50%
40%
30%
20%
10%

No debes confundir el concepto de comisión con el de repercusión de un gasto que el banco tenga que pagar a terceros. En principio, la anotación que te va a aparecer en la cuenta es parecida, pero mientras una comisión implica que la entidad te cobra por prestarte un servicio, en el caso de un gasto repercutible estás ante un importe que el banco ha tenido que pagar a otro y que es necesario para llevar a cabo la gestión.

Un clásico en este sentido, y que te va a ayudar a diferenciar ambos conceptos, es el precio que te cobra el banco por las escrituras públicas de tu hipoteca. En este caso, el banco lo que hace es repercutir un gasto necesario para formalizar la operación, es decir, te aplica las tasas concretas que cobra el Registro de la Propiedad por ese servicio.

Libertad de precios

Como la gran mayoría de los bienes y servicios en España, los precios de las comisiones son libres, es decir, cada entidad cobra lo que estima conveniente en cada caso, aunque existen excepciones concretas.

En la actualidad, existe en muchos casos una gran desproporción entre el servicio que te prestan y el coste de la comisión, por lo que es interesante conocer los importes de las comisiones de tu entidad, al menos en las operaciones básicas que te pueden afectar.

En capítulos anteriores se han tratado algunas de las limitaciones que establece la normativa en este sentido, como las que se aplican a las comisiones de cancelaciones o amortizaciones anticipadas en las hipotecas y Créditos al consumo.

La libertad a la hora de fijar su precio viene delimitada por dos aspectos que son fundamentales en caso de tener que interponer una reclamación. Por un lado, deben responder a servicios efectivamente prestados o gastos habidos y, por el otro, no pueden cobrarte si no lo has solicitado o aceptado.

Teniendo en cuenta lo anterior, cuando veas una comisión cargada en tu cuenta debes saber por qué servicio estás pagando. Corrobora que efectivamente te lo han prestado y consulta en qué momento lo aceptaste.

Las entidades deben realizar un folleto de las tarifas

La normativa obliga a las entidades a realizar un folleto en el que aparezcan de forma detallada, clara y fácilmente comprensible todas las tarifas de comisiones a aplicar, excepto cuando se traten de servicios de pago (transferencias, cuentas, adeudos domiciliados, tarjetas, etc.). En estos casos, la entidad tiene que notificar el coste del servicio de forma personal y por anticipado. Normalmente este tipo de información aparece en los contratos de los distintos productos. Por ello, debes revisarlos bien antes de firmar, para así saber el coste real de su mantenimiento.

Es importante saber que las tarifas que aparecen en el folleto de comisiones indican lo máximo que te pueden cobrar por ese servicio concreto, por lo que aunque se indique un precio determinado pueden aplicarte uno inferior. También hay algunas comisiones que son meramente orientativas, dependen del tipo de servicio. Este carácter debe venir indicado en el propio folleto.

Acceso a la información

El folleto de comisiones tiene carácter público precisamente para permitir que los usuarios puedan acceder a esta información. En cualquier oficina de la entidad en la que seas cliente tienen la obligación de facilitarte el acceso al mismo. Esta información estará colgada en el tablón de anuncios de la propia oficina y en Internet debe estar en su propia Web.

Los folletos de todas las entidades se registran en el Banco de España, por lo que aquí también puedes tener acceso ellos. De hecho, la forma más funcional para obtener esta información es a través de la página Web del Banco de España, http://www.bde.es, desde la cual se puede acceder al folleto de comisiones.

Si modifican el precio, deben comunicártelo

Los contratos con las entidades financieras en muchas ocasiones son de larga duración, como por ejemplo una hipoteca, o incluso indefinida, como una cuenta corriente. Debido a esto, es habitual que las comisiones vayan cambiando a lo largo del tiempo.

Obviamente el banco debe informarte de las modificaciones que pudieran tener sus tarifas. En este caso la norma exige que se comuniquen con al menos dos meses de antelación. Cuando supongan un beneficio para el cliente se pueden aplicar inmediatamente.

Comisiones más frecuentes

Comisión por administración: Es el importe que pagas a la entidad simplemente por mantenerte abierta una cuenta, algunas entidades cobran por cada apunte que se realice en ella. Normalmente se abonan semestral o anualmente.

Descubiertos: Es una comisión que te cobran cuando el importe en la cuenta es negativo. Se aplica un porcentaje al importe máximo que hayas tenido en números rojos durante un periodo (normalmente mensual). Las condiciones deben estar pactadas, es decir, tienen que aparecer en el contrato.

- **Reclamación por descubiertos:** Normalmente es fija y se aplica en el momento en el que el banco realiza algún tipo de gestión para reclamarte un saldo pendiente, hay que estar muy atentos a esta comisión ya que suele oscilar los 30 euros.
- **Por transferencias:** Te cobran por enviar dinero de una entidad a otra, algunas incluso por transferir dinero entre tus propias cuentas. Los precios oscilan dependiendo de la entidad a la que hagas la transferencia. Normalmente si es a una cuenta de otro titular que pertenece a tu misma entidad, la comisión es más baja.
- **Amortización parcial:** Se da en los préstamos. Cuando pagas parte de la deuda antes de los plazos pactados te cobran un porcentaje de la cantidad que anticipes.

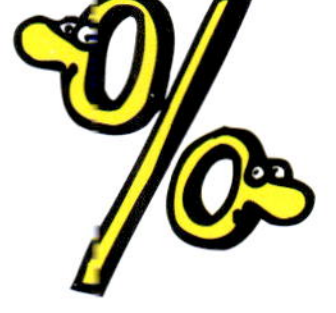

- **Amortización total o cancelación:** Es igual que la anterior, pero en el que caso que quieras pagar todo lo que te quede de deuda, el porcentaje es sobre la deuda pendiente.

- **Disposición de dinero efectivo en cajeros:** Se aplica en los casos de uso de tarjeta y la comisión depende de la red de cajeros a la que pertenezca tu tarjeta. Habitualmente lo más barato es sacar dinero en tu entidad, luego en tu red de cajeros y, por último, en redes distintas a la de tu tarjeta. Esta comisión es distinta si la disposición de dinero la haces a débito o a crédito, siendo esta última normalmente más cara.
- **Comisión de estudio:** Se da en los casos en que pides que se estudien las opciones para realizar un préstamo para comprar una vivienda. Si la vivienda está destinada a una persona física por un importe no superior a 150.253,03 euros, está integrada en la comisión de apertura.
- **Comisión de apertura:** Integra los gastos de estudio del préstamo, de concesión o tramitación del préstamo hipotecario, u otros similares inherentes a la actividad de la entidad prestamista ocasionada por la concesión del préstamo. Deben obligatoriamente integrarse en una única comisión.

EN RESUMEN

- *Una comisión, es el precio que te cobra tu entidad financiera por prestarte un servicio concreto.*
- *Como la gran mayoría de los precios de los bienes y servicios en España, las comisiones son libres, salvo excepciones concretas.*
- *Las comisiones, deben responder a servicios efectivamente prestados o gastos habidos y no se pueden cobrar si no son solicitados o aceptados.*
- *Puedes acceder al folleto de comisiones de tu entidad a través de la página Web del Banco de España.*

Aerolíneas

Compra de billetes

¿Pero el billete de avión no costaba 30 euros?

¿Quieres cancelar el vuelo pero desconoces las condiciones que contrataste? ¿Te han cobrado conceptos adicionales que no te habían explicado y no sabes a quién reclamar? ¿El precio final es más caro del que anunciaban al iniciar la compra?

Consulta las condiciones antes de comprar

Cuando decides realizar un viaje en avión tienes dos alternativas a la hora de adquirir el billete. Puedes comprarlo en el establecimiento físico de una agencia o una aerolínea o, lo que cada vez es más común, directamente desde el ordenador a través de las numerosas Web de venta de billetes.

Antes de realizar la compra lee detenidamente las condiciones de contratación, te ayudará a prevenir sorpresas futuras si tienes que reclamar. La empresa está obligada a ponerlas a tu disposición, al menos en castellano, de manera que puedas almacenarlas y reproducirlas.

Tienen que informarte del trayecto elegido, los horarios, la posibilidad o no de realizar cancelaciones, los seguros que estén incluidos y los datos de la empresa para cambios o reclamaciones. Además, la compañía debe indicarte el precio completo, es decir, incluidos los recargos, suplementos, tasas, etc.

Generalmente, las agencias y las aerolíneas ofrecen seguros opcionales. Un ejemplo es el de cancelación, que sirve para garantizar la devolución de todo el dinero abonado si hay algún imprevisto, como la muerte de un familiar de primer grado, la pérdida del pasaporte o el despido. Durante el proceso de compra en Internet debes verificar que no esté preseleccionado ningún servicio que no desees contratar.

Asimismo, es recomendable que el día antes de viajar compruebes si se mantiene la misma fecha y hora del vuelo para prevenir posibles inconvenientes.

La responsabilidad de la compañía

Las compañías aéreas están obligadas a facilitar a los pasajeros un resumen de las principales disposiciones sobre su responsabilidad con los viajeros y sus equipajes, incluidos los plazos para presentar una reclamación, solicitar una indemnización y la posibilidad de hacer una declaración especial de valor de los objetos transportados. Esta información debe estar disponible en todos los puntos de venta, también cuando la contratación se realice por teléfono o Internet.

El proceso de compra en Internet

La normativa de comercio electrónico indica que la compañía está obligada a confirmar la aceptación de la reserva. En el plazo de veinticuatro horas, deben enviarte un acuse de recibo por correo electrónico o a través del medio de comunicación que hayas señalado. También pueden confirmártelo justo al finalizar el proceso de contratación, siempre que te permitan archivar el documento.

Se entiende que se ha recibido la aceptación de la reserva y su confirmación cuando ambas partes puedan tener constancia de ello. En caso de que se confirme mediante acuse de recibo, se presume que su destinatario puede tener conocimiento del mismo desde que fue almacenado en el servidor de su cuenta de correo electrónico o en el dispositivo utilizado para la recepción de comunicaciones.

Al final del proceso de compra del billete debe aparecer una página final con todos los datos: el número de reserva o localizador, el precio completo y la aceptación de la reserva. Incluso a veces esta información se puede recibir a través de un correo electrónico. En ambos casos es imprescindible que te quedes con una copia de esos documentos y de todos los mensajes intercambiados con la empresa.

El precio final no se corresponde al anunciado

Entre las principales irregularidades en la venta de billetes de avión por Internet, destaca la publicidad de vuelos a precios que se hinchan durante el proceso de compra. Esto se debe habitualmente a que no se incluyen determinados suplementos o tasas obligatorios desde el principio.

Algunas compañías se lucran aplicándote una comisión muy elevada por pagar mediante tarjeta de crédito o débito. Otras, llegan incluso a cobrar una enorme cantidad de dinero por imprimirte la tarjeta de embarque.

Debes saber que las empresas están obligadas a indicar en todo momento el precio final que deba pagarse. Es decir, el precio anunciado tiene que incluir la tarifa o flete aplicable así como todos los impuestos y los cánones, recargos y derechos que sean obligatorios y previsibles en el momento de su publicación.

Por ello, siempre que una compañía incremente el precio ofertado en su publicidad o en las primeras fases de la compra online, interpón una reclamación para solicitar que te apliquen el precio inicial y pide la devolución del dinero que te hayan cobrado de más. Es fundamental que conserves los anuncios o las capturas de pantalla. Recuerda que las ofertas de contratación realizadas por vía electrónica son válidas durante el período que fije la empresa o, en su defecto, durante el tiempo que permanezcan accesibles a los usuarios.

Cobrar por llevar equipaje

Las aerolíneas están obligadas a transportar junto a los viajeros, y dentro del precio del billete, el equipaje. Solo su exceso puede ser objeto de estipulación especial. A pesar de esto, son numerosas las compañías que cobran un extra por llevarte la maleta. No dudes en interponer una reclamación cada vez que te pidan pagar por transportar tu equipaje.

Suplementos opcionales preseleccionados

También hay compañías que incluyen por defecto uno o más servicios que son o deben ser opcionales, una práctica prohibida por la normativa del sector aéreo. Pueden provocar que los contrates porque no repares en que es posible desactivarlos o creas que son obligatorios. Fundamentalmente se trata de la elección del asiento, un seguro adicional o la comida.

Las empresas están obligadas a comunicarte esos suplementos de una manera clara, transparente y sin ambigüedades al comienzo de cualquier proceso de reserva. Además, su aceptación debe realizarse sobre una base de opción de inclusión, es decir, que no pueden aparecer preseleccionados. Recuerda que puedes reclamar la devolución del coste del suplemento si lo contratas por error al estar señalado por defecto.

Para reclamar es recomendable conservar los documentos

Es imprescindible quedarse con copia de todos los documentos y de todos los mensajes intercambiados con la empresa. La compañía aérea debe mostrar en su página Web la forma de contacto con su servicio de atención al cliente para la resolución de las reclamaciones que se pudieran plantear. Dicho servicio debe tener un acceso gratuito a través de Web, dirección postal o telefónica. En ningún caso, este último puede suponerte un gasto. La compañía no te puede cobrar por las consultas y reclamaciones que realices mediante, por ejemplo, una línea de tarificación adicional con prefijo 807. Tampoco pueden utilizar un teléfono de tarificación adicional para las cancelaciones de los billetes.

EN RESUMEN

- *Antes de comprar del billete hay que leer detenidamente las condiciones de contratación.*
- *Al final del proceso de compra del billete debe aparecer una página final con todos los datos: el número de reserva o localizador, el precio completo y la aceptación de la reserva.*
- *Siempre que una compañía incremente el precio ofertado en su publicidad o en las primeras fases de la compra, interpón una reclamación para solicitar que te apliquen el precio inicial.*
- *Las ofertas realizadas por vía electrónica serán válidas durante todo el tiempo que permanezcan accesibles a los destinatarios del servicio.*
- *Es imprescindible quedarse con copia de todos los documentos y de todos los mensajes intercambiados con la empresa.*

CANCELACIONES, RETRASOS Y PÉRDIDA DE MALETAS

LA AEROLÍNEA TE DEJÓ EN TIERRA, COMPUESTO Y SIN MALETAS

¿El retraso en tu vuelo de regreso se prolonga horas y horas y la aerolínea no te ofrece un lugar dónde dormir? ¿La cancelación del primer viaje te hace perder el segundo avión? ¿Has llegado a tu destino de vacaciones y las maletas no aparecen?

Si llegas con mucho retraso, tienen que pagarte entre 125 y 600 euros

Si tu vuelo se cancela, sufres *overbooking* (te deniegan el embarque porque han vendido más billetes de la cuenta) o se produce un gran retraso y llegas a tu destino varias horas más tarde, tienes derecho a una compensación de entre 125 y 600 euros, dependiendo de la distancia del viaje y la cantidad de horas de retraso. En estos casos, la compañía está obligada a garantizarte un vuelo alternativo o, en su defecto y de ser viable, otro medio de transporte. Las cantidades con las que debe compensarte son:

- 250 euros para vuelos de hasta 1500 kilómetros, salvo que llegues a tu destino final con un retraso no superior a las dos horas; en ese caso te corresponde la mitad, 125 euros.
- 400 euros para todos los vuelos de más de 1.500 kilómetros que tengan origen y destino dentro de la Unión Europea y para todos los demás vuelos de entre 1500 y 3500 kilómetros. Pero si llegas a tu destino no más de tres horas tarde, la compensación se reduce a 200 euros.
- 600 euros el resto de vuelos, salvo que el retraso en llegar no sea superior a cuatro horas; en esos casos la cantidad es de 300 euros.

La distancia se determina tomando como base el último destino al que llegues con retraso en relación con la hora prevista como consecuencia de que no embarcaras en el horario previsto en el vuelo cancelado con un gran retraso u *overbooking*. Las compañías aéreas solo pueden librarse de estas compensaciones económicas directas si el problema se produce por una causa de fuerza mayor, imprevisible e inevitable. La normativa europea incluye las huelgas entre estas causas.

Comida, bebida y alojamiento

Durante la espera en los citados supuestos, la aerolínea debe ofrecerte comida y bebida. Si no lo hace, conserva los tiques de lo que consumas para luego reclamárselo. Y si sufres el problema en tu vuelo de regreso o uno de tránsito, no tienes por qué pasar la noche en el aeropuerto. La aerolínea está obligada a pagarte un hotel y el desplazamiento hacia y desde allí. Una vez más, si se desentiende del alojamiento, búscalo tú y pásale después las facturas del taxi y el hotel.

A diferencia de las compensaciones económicas directas, la comida, bebida y alojamiento tienen que ofrecértelos sea cuál sea la causa de la cancelación o el gran retraso del vuelo.

¿Pierdes días de vacaciones? Que te indemnicen

Ten en cuenta que una cosa son las compensaciones económicas directas que las compañías aéreas están obligadas a abonar si las cancelaciones o grandes retrasos no son por causas de fuerza mayor y otra las indemnizaciones que siempre puedes reclamar si sufres algún perjuicio económico que puedas demostrar.

Así que si como consecuencia de llegar tarde a tu destino o si el viaje se cancele totalmente, pierdes dinero, reclámalo a la aerolínea. Pueden ser días de trabajo que en tu empresa te descuenten del salario, días de vacaciones que no has disfrutado y que puedes tasar económicamente, dinero pagado por hoteles o excursiones que no has disfrutado...

Y encima tu equipaje no aparece

También cabe la posibilidad de que cuando llegues a tu destino el equipaje no aparezca. En este caso presenta una reclamación por escrito antes de salir del aeropuerto, en la ventanilla de la compañía aérea. Si está cerrada, dirígete a la autoridad aeroportuaria. En función del país en el que estés dispondrán de algún modelo oficial de hoja de reclamaciones y, si no es así, quédate con una copia de lo que reclames, sellada como comprobante de que la has presentado.

Si durante la espera hasta que aparezcan las maletas necesitas comprar bienes de primera necesidad como los que llevabas en ellas, ten en cuenta que la compañía tendrá que abonártelos. Así que solicita recibos de todo lo que compres. Y si finalmente tu equipaje no aparece, la aerolínea tendrá que pagarte una indemnización. La normativa europea establece que la cantidad máxima que deben pagar las compañías, que va en función del peso del equipaje, puede alcanzar hasta los 1.100 euros. Así que si se te ocurre llevar objetos de mucho valor en las maletas en lugar del equipaje de mano, valora el riesgo que corres, y si lo consideras oportuno la contratación de un seguro adicional, que no será desde luego barato.

También es posible que tus maletas aparezcan deterioradas. Si tienen arreglo, reclama a la compañía que te abone la reparación. Si están para tirarlas, que te pague unas nuevas de similares características.

Por último, si las maletas llegan con los candados rotos y abiertas, presenta una denuncia y revisa qué han podido sustraerte para reclamar las cantidades que correspondan.

La reclamación, mejor en caliente

Cuando no aparecen tus maletas lo más acertado es poder reclamar sobre la marcha, aunque para otro tipo de problemas como cancelaciones de vuelos dispones de un plazo pero lo mejor es hacerlo sin demorarse demasiado. Como mucho nada más que vuelvas de las vacaciones, porque puede que al dejar pasar el tiempo olvides lo que has sufrido (y el dinero que puedes recibir como indemnización lo pierdas).

Si no reclamas en la ventanilla de la compañía en el aeropuerto, hazlo por escrito dirigiéndote a la dirección postal o electrónica que tenga habilitada para ello y aportando toda la documentación necesaria.

En caso de no atender tu reclamación como es debido, presenta una denuncia ante las autoridades competentes en materia de Consumo de tu Comunidad Autónoma o Agencia Estatal de Seguridad Aérea, por tu cuenta o, mejor, a través de una asociación de consumidores

EN RESUMEN

- *Si te cancelan el vuelo, sufres overbooking o llegas a tu destino con varias horas de retraso, tienen que compensarte con entre 125 y 600 euros si el problema no tiene su origen en una causa de fuerza mayor.*
- *Durante las horas de espera ante estos casos, sea o no fuerza mayor la causa del problema, la aerolínea tiene que pagarte la comida, bebida y, si es necesario, el alojamiento.*
- *En caso de que sufras perjuicios que puedas cuantificar económicamente, reclámalos a la compañía.*
- *Si tus maletas no aparecen, los bienes de primera necesidad que tengas que comprar mientras esperas corren de cuenta de la compañía.*
- *Y si el equipaje se pierde para siempre, tienen que indemnizarte con hasta 1.100 euros.*

Transporte
ferroviario

Y SI EL TREN LLEGA TARDE, ¿ME DAN ALGO?

¿Perdiste tu equipaje y no sabes cómo reclamar una compensación? ¿Tu tren llegó dos horas tarde y nadie se responsabiliza de los perjuicios que te han causado? ¿Te ha surgido un imprevisto y no sabes si puedes anular el billete?

LA EMPRESA DEBE RESPONDER DE LOS DAÑOS QUE SUFRAN LOS VIAJEROS

Si sufres un daño corporal al viajar en tren puedes reclamar una compensación por esos daños. Para garantizar este derecho de los usuarios, las empresas están obligadas a concertar el llamado Seguro Obligatorio de Viajeros.

Este seguro cubre la asistencia sanitaria y la indemnización cuando se produzca muerte, invalidez permanente o incapacidad temporal por un accidente ocurrido durante el viaje. Si sufres un percance de este tipo debes dar parte al seguro en un periodo de treinta días desde el accidente y presentar el billete.

El coste del seguro ya está incluido en el precio que pagas por el billete, aunque este seguro es compatible con cualquier otro que ya tuvieras contratado.

LAS PÉRDIDAS DE EQUIPAJES

Si te pierdan las maletas puede provocarte graves problemas. En primer lugar, debes saber que el precio del billete te incluye el equipaje con el que viajes. En los trenes de alta velocidad, larga y media distancia de Renfe puedes llevar hasta tres bultos que no excedan los 20 Kg. de peso en total.

La responsabilidad de la empresa por extravío o daño que sufran los equipajes facturados está limitada a 14,50 euros por kilo, hasta un máximo de 600 euros. Esta cantidad se actualiza cada año con el IPC desde enero de 2005, cuando entró en vigor la norma que lo regula. En este

sentido, para efectuar el transporte de cualquier objeto importante o costoso es recomendable hacer una declaración del valor real de los elementos que llevas en el equipaje al hacer la facturación, aunque tengas que pagar por ello una cantidad adicional. De lo contrario, existe la dificultad de poder probar o acreditar que dicho objeto iba en la maleta.

Los retrasos, interrupciones y cancelaciones de trenes

En el caso que sufras un retraso en la llegada del tren a su destino por un tiempo superior a una hora, debes saber que tienes derecho a una indemnización equivalente al 50% del precio del billete. Si el retraso supera la hora y treinta minutos, la indemnización será equivalente al importe total pagado por el billete.

Los trenes de alta velocidad (AVE) representan un caso aparte, ya que la compañía asume el compromiso de que en retrasos superiores a 15 minutos te devuelven la mitad del precio del billete y a partir de 30 minutos la totalidad. En el trayecto Madrid- Sevilla y viceversa, los retrasos de más de 5 minutos generan el derecho a reclamar el importe total.

Si se produce una cancelación del viaje la empresa ferroviaria está obligada a la devolución del precio pagado por el servicio. No obstante, si se produjese en las 48 horas previas a la fijada para el inicio del viaje, la compañía estará obligada, a elección del viajero, de proporcionarle transporte en otro tren u otro modo de transporte en condiciones equivalentes a las pactadas o a la devolución del precio del billete.

Si por el contrario te informan de la cancelación en las cuatro horas previas a la hora de salida, además de lo anterior, tendrás derecho a una indemnización a cargo de la empresa consistente en el doble del importe del billete.

Complementariamente a las indemnizaciones indicadas, debes saber que en caso de interrupción del viaje por un tiempo superior a una hora y media o más, la empresa tiene la obligación de sufragar además los gastos de manutención y hospedaje durante el tiempo de la interrupción, según los casos.

Puedes anular el billete de ferrocarril

Puedes anular el billete comprado siempre que lo hagas antes de las dos horas del inicio del viaje. La devolución del importe del billete que corresponde al usuario será del 90%, si la anulación se produce antes de las 48 horas del inicio del viaje y el 80%, si se produce entre las 48 horas y las dos horas anteriores a la partida.

También debes saber que la anulación de un billete puedes llevarla a cabo hasta 15 minutos antes de la salida si se realiza en la estación de origen. En el resto de las estaciones puede hacerse hasta una hora antes de la salida, aunque en ese caso, el importe que la empresa está obligada a devolver dependerá de la tarifa aplicable al día que oscilará entre 15% y el 25% del importe.

Viajar con tu mascota

En el caso de que vayas a viajar con tu perro a otro país de la Unión Europea, has de saber que las mascotas deben disponer de un pasaporte válido. De esta forma, la Comisión Europea controla más eficazmente el número de desplazamientos que se realizan con animales domésticos por los países de la UE.

No obstante, debes consultar siempre con la empresa ferroviaria los requisitos que puedan existir con relación a las mascotas, para disponer así de una información más completa.

En los trenes se permite transportar pequeños animales domésticos en su jaula sin ocupar plaza, siempre que no se opongan los otros viajeros y no se les produzcan molestias. En algunos trenes es posible facturar animales cuyo peso no supere los seis kilos, como máximo uno por viajero, dentro de una jaula y pagando la tarifa correspondiente. Los perros lazarillos pueden viajar en todos los trenes de forma gratuita.

Tienes derecho a reclamar

Los usuarios están facultados para dirigir las reclamaciones relacionadas con la prestación del servicio a la empresa ferroviaria que lo lleve a cabo, sin perjuicio de poder instar la defensa de sus pretensiones ante las Juntas Arbitrales de Transporte o de Consumo y ante la jurisdicción ordinaria.

Por ello, puedes presentar una reclamación por los daños o abusos que te hayan producido en un plazo de un mes desde la fecha en que tengas conocimiento del hecho que la motivó, ya sea por tu cuenta o a través de una asociación de consumidores.

Las empresas ferroviarias deberán tener a disposición de los usuarios un libro de reclamaciones. Este libro debe estar en todas las instalaciones donde se presten servicios al público en general, en los propios trenes, en todos los puntos de facturación y entrega de equipajes y en las estaciones y terminales, donde existirá un rótulo, perfectamente visible, que informe de la existencia de dicho libro de reclamaciones.

EN RESUMEN

- *La empresas de transportes por ferrocarril tienen que tener concertado un Seguro Obligatorio de Viajero, para hacer frente a los daños que sufran los usuarios.*
- *En caso de extravío de una maleta tienes derecho a una compensación de 14,50 euros por cada kilo de peso del equipaje.*
- *Los retrasos de más de una hora en las llegadas de los trenes dan derecho a indemnizaciones.*
- *Las cancelaciones de trenes obligan a las empresas a garantizar transportes alternativos para los viajeros afectados.*
- *Los perros lazarillo podrán viajar en todos los trenes de forma gratuita.*
- *Según la antelación en la anulación del billete, la empresa puede cobrarnos un porcentaje.*
- *Los usuarios tienen derecho a presentar reclamaciones a través del libro de reclamaciones y de las Juntas Arbitrales de Transporte y Consumo, ya sea por su cuenta o mediante una asociación de consumidores.*

Tintorerías

Pues la mancha ya no está, pero es que este agujero no lo tenía

¿Está obligada una tintorería a garantizarte que la prenda que le entregas vuelva bien? ¿Han de advertirte previamente de los riesgos de daños que existen? ¿Tienes derecho a una indemnización en caso de pérdida o deterioro?

Guardar el resguardo como oro en paño

Un elemento básico que has de tener en cuenta a la hora de acudir a una tintorería es el resguardo que deben darte al hacer entrega de tu ropa. Además de tus datos y los del establecimiento, es necesario que este documento indique los defectos que el artículo pudiera tener de antemano, el tipo de limpieza que le realizarán y la dificultad que entraña.

Especialmente, el resguardo debe señalar si existe posibilidad alguna de que la tela pierda color o que la ropa pueda acabar deteriorada. Asimismo, este recibo tiene que especificar si la prenda ha de ser sometida a manipulaciones especiales que pudieran deteriorarla.

Ten en cuenta que lo que conste en el resguardo será luego lo que prevalezca en caso de un posible conflicto entre el usuario y el tintorero. Por ello, asegúrate bien de lo que indica, pero sobre todo, de lo que no se indica. Todo aquello que no quede expresado por escrito en este documento, podrás utilizarlo más tarde para reclamar en caso de que hayan hecho con tu ropa algo que no estaba previsto.

La tintorería no me garantiza el resultado, pero quiero que lo intenten

Si a pesar de las advertencias de los empleados de la tintorería, quieres que se intente la limpieza de un vestido de una forma concreta que pueda dañarlo, o que no consiga que se eliminen las manchas lo más probable es que esta circunstancia quede reflejada en el resguardo. De esta manera, el establecimiento declina su responsabilidad en caso de que el resultado no sea conforme a lo requerido, ya sea por concurrir alguna circunstancia excepcional en la prenda, o bien porque hayas pedido la aplicación de un tratamiento no idóneo. Por ello, has de saber que la tintorería tiene derecho a que toda aquella decisión que tomes en contra de los consejos de los profesionales quede por escrito y que, por tanto, recaiga sobre ti toda la responsabilidad ante un posible mal resultado.

Yo sé dónde está mi resguardo, ¿sabes tú dónde está mi traje?

En caso de pérdida, conservar el resguardo será crucial para probar que depositaste allí tu ropa y que tienes derecho a que te la devuelvan en un plazo máximo de treinta días. Pero en caso de que no lo hagan, tienen que indemnizarte por el valor aproximado de lo depositado.

Total:

En la mayoría de los casos, esta fijación del valor será fuente de conflicto. Para evitar que esto pase, será mejor pactar una cuantía en el momento en que depositas tu artículo, sobre todo si es de gran valor económico o sentimental.

Este pacto ha de figurar en el resguardo o en su defecto tendrá que acordarse por las partes teniendo en cuenta el tipo de prenda, su la fecha de compra, etc.

En cambio, si eres tú quien ha tenido el despiste de perder el resguardo, deberás acreditar tu identidad para poder retirar la ropa. Así, la tintorería podrá comparar tus datos personales con los de su matriz del resguardo o con la base de datos. Seguramente, al recoger y retirar de esta forma la prenda, tendrás que firmar.

La publicidad marca un precio y el dependiente me dice otro

Siempre que solicites la prestación de un servicio, has de asegurarte de que el precio que aparece en el justificante coincide con el importe que figure en el cuadro de precios o en la publicidad que el establecimiento realice. En caso contrario, siempre puedes reclamar, exigir la diferencia y denunciar al establecimiento ante las autoridades competentes por publicidad engañosa.

La mancha que yo traía ahora es marrón y tiene el tamaño de una naranja

Antes de mandar nuestra ropa a la tintorería, es conveniente que te leas lo que dice la etiqueta sobre el método de lavado de la prenda en cuestión. Te servirá para comprobar si el reguardo donde figura el sistema de lavado de la tintorería es el mismo que aconseja el fabricante, y si no, recordárselo al tintorero.

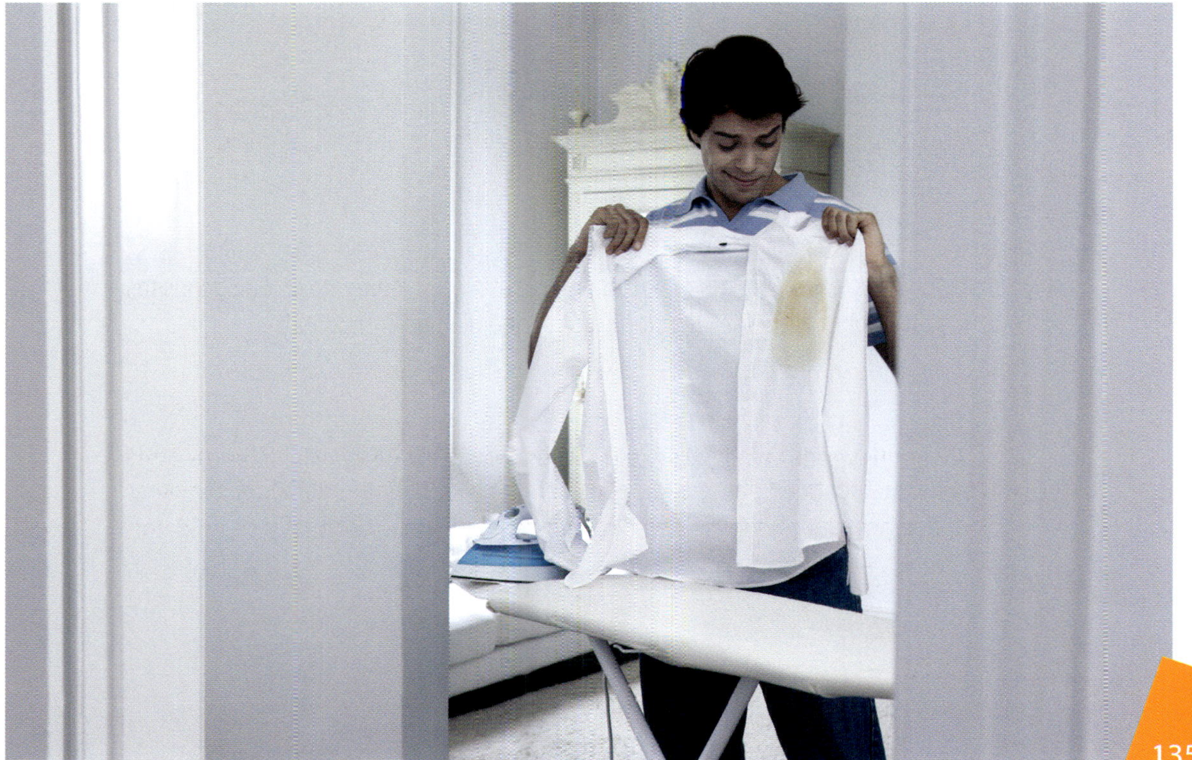

A pesar de ello, la responsabilidad de comprobar el etiquetado le corresponde a la tintorería. Por ello, si constatas que han utilizado una técnica distinta a la indicada, estás en tu derecho de reclamar, ya sea porque han deteriorado tu prenda, o porque los resultados no sean los satisfactorios.

Cuando te devuelvan tu colada, una vez terminado el servicio, debes comprobar detenidamente si la misma está limpia, si han desaparecido las manchas que llevaba y si presenta algún desperfecto que no tenía antes. Si la limpieza no es de tu agrado, persisten las manchas o no ha quedado bien, puedes reclamar una segunda limpieza sin costo, siempre y cuando en el resguardo no se hubiese recogido la posibilidad de resistencia de la suciedad. En cambio, si el resguardo advertía esta posibilidad y quieres que se repita el servicio, tendrás que abonarlo de nuevo.

Al igual que en caso de pérdida, si durante la limpieza tu ropa ha sufrido algún desperfecto, también tienes derecho a exigir una indemnización. A cambio, la mayoría de las veces la prenda quedará en manos de la tintorería, para que pueda utilizarla al reclamar a su seguro.

Si hay desacuerdo, deja la ropa en la tintorería

Retirar la ropa del establecimiento en caso de conflicto no es buena idea. Al menos no hasta que lo hayas resuelto. De esta forma, evitarás tener que demostrar cómo estaba la prenda en el momento de la recogida, y evitarás toda culpa por lo que le pueda pasar posteriormente.

Si no llegas a ningún acuerdo tras una limpieza defectuosa o deterioro, has de solicitar al establecimiento una hoja de reclamaciones. En la misma debes plasmar lo ocurrido y solicitar de nuevo el servicio sin costo, o en su caso, que se te indemnice por los deterioros sufridos.

Todavía la tintorería puede responderte de manera insatisfactoria: ante esto, lo mejor es que acudas a una asociación de consumidores para recibir consejo y que te ayuden a tramitar una reclamación.

Las manchas no aparecieron hasta regresar a casa

Aunque es conveniente siempre que examines tu ropa en la propia tintorería, en caso de que descubras el desperfecto ya en casa, deberías llevarlo lo más rápido posible al establecimiento con el resguardo.

Sin embargo, tendrás que ser tú el que demuestre que la mancha era la inicial, por lo que dependerá de la buena voluntad de la tintorería repetir la limpieza de forma gratuita.

De cualquier modo, lo ideal es que te asegures en el propio establecimiento que la mancha ha desaparecido, y que no presenta ningún problema mayor.

EN RESUMEN

- *El resguardo debe reflejar todos los problemas previos que presenta la prenda o que se prevea que puedan presentar.*
- *En caso de conflicto, es conveniente no retirar la ropa de la tintorería.*
- *Es recomendable comprobar el método de limpieza reflejado en el etiquetado de la prenda y exigirle al establecimiento que lo aplique.*
- *Si te pierden tu artículo, te tienen que indemnizar.*

Servicios hoteleros

¿Y ESTE HOTEL, NO ESTABA EN PRIMERA LÍNEA DE PLAYA?

¿En la agencia te dijeron que la habitación era de primera calidad, pero la suciedad y las humedades estaban por todas partes? ¿La piscina estaba en obras y no se podía utilizar? ¿El hotel realizó más reservas de las disponibles y te reubicaron en otro de inferior categoría?

Incumplimiento del contrato

Los hoteles tienen que responder por los daños que puedan causarte si incumplen el contrato. Cuando no te ofrezcan los servicios que contrataste o parte de ellos, la empresa debe darte la opción de reembolsarte el total de lo abonado o sustituirlos por otros de características similares en cuanto a categoría y calidad. En caso de que los servicios sustituidos resulten de un nivel inferior, deberán abonarte la diferencia.

Si compraste un paquete vacacional o hiciste la contratación a través de una agencia de viajes, dirígete a ella si tienes problemas con tu reserva. Todos los operadores que intervengan en el contrato (agencias, hoteles, transportistas, etc.) responderán de manera solidaria frente al consumidor.

Debes saber que la agencia o el hotel están obligados a poner a tu disposición toda la información precisa sobre el precio final completo, incluidos los impuestos y el precio estimado de las excursiones contratadas, en su caso. Asimismo, debe estar desglosado el importe de los incrementos o descuentos que sean de aplicación, de los gastos que repercutan a los consumidores y de los adicionales por servicios accesorios, financiación y otras condiciones de pago similares.

La información sobre el precio final completo también afecta a la publicidad, por lo que debe entenderse que el precio anunciado en la misma no puede verse alterado con posteriores subidas por parte de la empresa que lo publicita.

Hay que reclamar cuando no se cumpla lo prometido

Si durante el viaje encuentras que alguna de las condiciones no se ajusta a lo contratado, debes poner en conocimiento de la empresa el incumplimiento que se haya producido. Ésta tiene que ofrecerte una solución adecuada e inmediata a la reclamación planteada. En caso de haber contratado el servicio directamente con el hotel preséntala por escrito. Recuerda que puedes exigir una indemnización por los daños y perjuicios que puedas acreditar y cuantificar.

Si se trata de un paquete vacacional llama a los números de teléfono que previamente te haya facilitado la agencia para ello y presenta tu queja también por escrito. Si la solución propuesta por el organizador no resulta viable o no la aceptas por motivos razonables, éste debe facilitarte un medio de transporte adecuado para regresar al lugar de salida o a otro que se haya acordado. Todo ello sin perjuicio de la posible indemnización que en su caso corresponda.

La cancelación de los servicios contratados

En caso de contratar un paquete vacacional puedes desistir o cancelar los servicios contratados en todo momento y tienes derecho a la devolución de las cantidades entregadas. Sin embargo, tendrás que abonar a la agencia los gastos de gestión y los de cancelación si lo recoge tu contrato, así como un porcentaje en concepto de indemnización que depende del tiempo con el que lo comuniques.

Si lo avisas entre dos meses y quince días antes de la salida tendrás que pagar un 5% del precio total, entre quince días y tres días un 10%, y en las 48 horas anteriores un 25%. Si no te presentas a la salida tendrás que pagar el precio total del viaje.

Es importante destacar que se pueden incluir algunas condiciones especiales de contratación (fletes de barco o aviones, tarifas especiales...) que pueden dar lugar a gastos en caso de desistimiento, aunque éstas deben ser conocidas por el consumidor y aceptadas a la firma del contrato.

Si contrataste el servicio directamente con el hotel, consulta las condiciones de la reserva. Dependiendo de los casos, la empresa podría quedarse con parte de la señal que entregaste.

La modificación de los precios

Hay veces que compras o contratas un viaje en una agencia firmando el contrato correspondiente y posteriormente te quieren modificar el precio. En esos casos debes saber que solo debes admitir el cambio si el contrato expresamente contempla esta circunstancia y exclusivamente si la modificación del importe se debe a variaciones en el coste de los transportes, incluidos los carburantes, las tasas y los impuestos aplicables o tipos de cambio de moneda.

En todo caso, el precio solo se puede modificar previa información y por causas determinadas. Además, esa modificación nunca puede tener lugar en los veinte días anteriores a la prestación del servicio.

Los folletos de las agencias de viajes

La normativa vigente establece que las agencias de viajes deben poner a tu disposición un programa o folleto informativo, que puede ser considerado como parte del contrato de viaje. En dicho folleto se debe informar de una manera clara sobre los servicios contratados y como mínimo, sobre el destino, los medios de transporte que se utilizarán (características y clases), relación de establecimientos de alojamiento (especificando su categoría y características), régimen de alimentos e información sobre pasaportes, visados y si procede, condiciones sanitarias.

Asimismo debe indicar el nombre y domicilio en España del organizador, el precio del viaje combinado (su desglose, forma de pago y posibilidad de financiación) y las condiciones del viaje en cuanto a posibilidad de anulación y cancelación.

El hotel que contraté no tiene habitaciones libres

Si haces la reserva y cuando llegas te comunican que no hay habitaciones libres, debes saber que se ha producido el denominado *overbooking*, que consiste en que dichos establecimientos realizan más reservas de las disponibles a fin de preservarse ante posibles cancelaciones. De producirse esta práctica, independientemente de la reclamación que hay que presentar contra el hotel, tendrás derecho a ser alojado en otro establecimiento de análoga o superior categoría y en las mismas condiciones, sin que ello suponga coste alguno para ti.

Para garantizar tus derechos, es recomendable exigir previamente la reserva por escrito y hacer un pago a cuenta debidamente acreditado.

Las condiciones del hotel no son las adecuadas ni las prometidas

Si al llegar compruebas que las condiciones del hotel no son las prometidas, debes dejar constancia por escrito con una reclamación en la que expliques el motivo de la misma. Dependiendo de la respuesta de la empresa, cabe la posibilidad de acudir a la Administración Competente en Consumo o Turismo, con el fin de reclamar o denunciar el problema que se haya producido.

Cuando un usuario elige un hotel donde hospedarse, lo hace en función de los servicios que éste puede ofrecer, como puede ser el caso de la existencia de una piscina. Si por ejemplo, la piscina no está en funcionamiento puedes reclamar la devolución de una parte de lo abonado por ese servicio del que no puedes hacer uso.

Esta cantidad debes pactarla con la empresa y en casos extremos, como la ausencia de agua caliente o fallo en el sistema de climatización, puedes solicitar la totalidad del dinero. Incluso tienes derecho a que la empresa te busque otro establecimiento de igual o superior categoría sin que suponga un costo para ti.

El valor de las estrellas de los hoteles

Debes saber, que la calificación de un hotel según un número de estrellas se establece en base a diversos criterios: tamaño de las habitaciones, comodidades que ofrecen, servicios accesorios que los huéspedes pueden disfrutar, etc.

Por ello, la cantidad de las estrellas que tenga cada hotel influye en el precio, al estar directamente relacionada con la calidad en el servicio, la comodidad y las prestaciones del establecimiento.

No obstante, tienes que tener especial cuidado cuando viajes al extranjero, ya que cambian los criterios para calificar los hoteles. Un mismo número de estrellas puede significar calidades y servicios diferentes según el país que visitemos.

EN RESUMEN

- *Las agencias de viajes y el resto de los operadores responderán de los incumplimientos que se produzcan en los contratos de viajes.*
- *Puedes desistir o cancelar los servicios contratados, aunque dependiendo de la antelación con que lo hagas, tienes que abonar algunas cantidades en concepto de indemnización a la agencia de viajes.*
- *En caso de overbooking, tendrás derecho a ser alojado en otro establecimiento de análoga o superior calidad y en las mismas condiciones.*
- *Si el hotel no reúne las condiciones contratadas, tienes derecho a una rebaja o a que te trasladen a otro hotel de igual o superior categoría sin costo para ti.*
- *Las modificaciones de los precios que se pacten nunca pueden producirse dentro de los veinte días anteriores al viaje, aunque sea por causas justificadas.*
- *La cantidad de estrellas en los hoteles está relacionada con los niveles de calidad de los mismos, tamaño de las habitaciones, servicios complementarios, etc.*
- *El folleto de la agencia de viajes se considera como parte del contrato.*

Compra
de vehículos

¡Oiga, que ya he reparado mi coche diez veces, deme otro! ¿No?

¿Cuánto tiempo tiene tu vehículo de garantía? ¿Te han cobrado más de lo que te presupuestaron para la reparación? ¿Puedes retirar tu coche si pierdes el resguardo de depósito del taller? ¿Es posible que te den un coche nuevo si está constantemente averiado?

Lo que necesitas para sacar el coche del concesionario

Cuando compras un vehículo, el concesionario debe facilitarte varios documentos necesarios para poder circular. Entre ellos, está el Permiso de circulación (obviamente), la Tarjeta de Inspección Técnica, el Manual de instrucciones y de mantenimiento, y la garantía por escrito. Además de estos papeles, el vendedor debe entregarte una factura en la que se detallen los conceptos cobrados; tales como el precio y las opciones incluidas, así como los impuestos obligatorios y los Gastos de matriculación, siempre que decidas dejar esto último en manos del concesionario

Has de tener en cuenta que, si así lo deseas, estás en tu derecho de realizar tú mismo el pago de estos impuestos, o que sea una gestoría de tu elección la que te lo tramite. Puede que de esta manera consigas ahorrarte ciertos costes.

Por supuesto, también será necesario concertar un contrato de seguro, aunque esto corre por tu cuenta. Antes de utilizar el vehículo, recuerda que está prohibido circular sin tener el seguro obligatorio de automóviles.

Si sucediera un siniestro, además de la sanción correspondiente, el responsable de dar cobertura a los posibles daños que pudieran producirse serías tú como conductor.

Si falla, puedes pedir que te lo devuelvan

A pesar de que la garantía de un coche nuevo es de dos años, las marcas suelen dar un plazo mayor como prestación y como reclamo para conseguir más ventas.

Se trata de la Garantía comercial, que suele tener limitaciones en cuanto a su cobertura con respecto a la Garantía legal. Por ejemplo, puede que sea de aplicación solo para determinadas piezas o servicios, y que excluya partes como la batería o piezas sometidas a desgaste. Sin embargo, en ocasiones, las averías que presenta el vehículo pueden ser reiteradas. Cuando esto suceda, y te veas obligado a llevar constantemente el coche al taller oficial sin que te lo solucionen, tienes derecho a que te lo cambien por otro o a que te devuelvan el importe que has pagado por él.

Para dejar constancia de cada visita al taller, pide siempre que te den un documento que acredite la entrada del vehículo y el tipo de anomalía por el que se realiza la intervención.

Cuando las visitas por una misma problemática sean recurrentes, además de este documento no te olvides de pedir la Hoja de reclamaciones.

Por otra parte, has de saber que solo es obligatorio llevar el automóvil al taller oficial de marca cuando tengas que hacerle una reparación cubierta por la garantía del vehículo.

En el resto de supuestos, como por ejemplo, un recambio de neumáticos o una recarga de aire acondicionado, puedes llevarlo a cualquier establecimiento cualificado para ello.

Puedes identificarte si pierdes el resguardo

Siempre que el vehículo quede depositado en el taller, tanto para la elaboración de un presupuesto como para llevar a cabo una reparación previamente aceptada, el establecimiento debe entregarte un resguardo acreditativo del depósito del coche.

Cuando ya te hayan elaborado un presupuesto firmado por el taller y el usuario, éste hará las veces de resguardo para el vehículo que dejas en depósito.

Para que sea válido, en el resguardo debe constar el Número de Identificación Fiscal y el domicilio de la empresa, junto al nombre y domicilio del usuario, así como la marca, modelo, matrícula y número de kilómetros recorridos del coche. Asimismo, el resguardo ha de especificar si el depósito obedece a la confección del presupuesto o si se va a abordar ya la reparación, junto a una descripción sucinta de la intervención o servicios que se van a prestar con sus importes, si ya estuvieran presupuestados.

Otros conceptos que tiene que indicar el resguardo son la fecha prevista de entrega, ya sea del presupuesto solicitado o del vehículo reparado, con fecha y firma del prestador del servicio.

Pide siempre presupuesto y revisa el resguardo

Acuérdate siempre de pedir presupuesto para evitar sorpresas posteriores. Además, procura comprobar que en resguardo no te cuelen una cláusula por la que rechaces la elaboración del presupuesto, porque pueden intentar cobrarte de más por lo pactado.

La presentación del resguardo será necesaria para recoger el presupuesto y para la retirada del coche, pero si lo pierdes, no te preocupes: todavía puedes identificarte ante el taller como propietario.

Tienes derecho a que te hagan un presupuesto

Como usuario, tienes derecho siempre a que te hagan un presupuesto por escrito, que tendrá una validez mínima de doce días hábiles. Éste debe detallar la fecha prevista de entrega del vehículo ya reparado a partir de su aceptación, además del tiempo válido del presupuesto.

Al igual que en el resguardo, en este documento también deben figurar, como mínimo, los datos fiscales y dirección del taller, los datos del usuario y la identificación del automóvil (marca, modelo, matrícula y número de kilómetros recorridos). También debe quedar constancia en el presupuesto de las reparaciones que se le van a aplicar a tu vehículo, los elementos que se van a arreglar o sustituir, o cualquier otra alteración a la que se le vaya a someter. Todo ello, acompañado del precio total desglosado que tendrás que pagar, con fecha y firma del prestador del servicio.

Los talleres oficiales deben tener catálogos y tarifas

Más allá de la obligación de ofrecer un presupuesto, los talleres oficiales de cada marca han de poner a disposición del público en todo momento los catálogos y tarifas actualizados de las piezas que utilicen en sus reparaciones. Además, las tablas de tiempos para cada trabajo, así como su sistema de valoración en euros, deben estar disponibles para todas las operaciones, así como para aquellas que requieran una comprobación previa. En este aspecto, será el fabricante nacional o el representante legal del fabricante extranjero el que proporcione estos datos.

Si no hay acuerdo, el coche ha de estar como cuando lo dejaste

Puede ser que, una vez recibido el presupuesto, no sea de tu agrado. Cuando esto suceda, puedes rechazarlo, y el vehículo te debe ser devuelto en análogas condiciones a las que fue entregado antes de ser presupuestado. Únicamente procederán a la prestación del servicio una vez que tú (o alguien designado por ti) hayas concedido tu conformidad con la firma del presupuesto, o si has renunciado de forma fehaciente a tu derecho de conocer el precio de forma previa.

Otro supuesto que podría darse sería el siguiente: que mientras reparan tu vehículo, aparezcan averías o defectos ocultos. En tal caso, estas posibles incidencias te las deberían comunicar en un plazo máximo de cuarenta y ocho horas, además del incremente del coste de esta nueva reparación. Esta reparación solo podrá llevarse a cabo si tú como cliente estás conforme.

Piezas de segunda mano sí, si no afectan a la seguridad

En determinadas circunstancias, el taller puede ofrecerte ponerle al vehículo una pieza de segunda mano para reducir el coste de la reparación, por razones de urgencia, o porque ya no existan repuestos en el mercado para un modelo concreto. Sin embargo, has de saber que las marcas están obligadas a mantener a disposición de los consumidores todos los recambios originales durante al menos siete años después de haberse dejado de fabricar el modelo en cuestión. Aunque las piezas de repuesto deben ser nuevas e ir identificadas con el emblema de la marca como las propias del vehículo, excepcionalmente, y siempre con la debida autorización del usuario, pueden emplearse componentes reutilizados.

Lo que sí has de tener en cuenta es que en ningún caso estas piezas podrán estar relacionadas con la dirección, los frenos o la suspensión del vehículo, ni podrían afectar a tu seguridad. Además, que se trate de una pieza de segunda mano tampoco exime al taller de estar sujeto a garantía.

Tienes tres días para retirar tu vehículo reparado

Una vez que tu coche haya sido reparado, el taller debe entregarte una factura escrita, firmada y sellada en la que se especifiquen cualquier tipo de cargos devengados, las operaciones realizadas, piezas o elementos utilizados y las horas de trabajo empleadas, desglosado todo por cada importe.

Entre estos gastos podrán incluir los costes de estancia cuando no hayas ofrecido respuesta a un presupuesto o no hayas retirado el coche reparado del taller en un plazo máximo de tres días hábiles desde que te hayan avisado. En todo caso, estos gastos de estancia solo podrán facturarse si el vehículo se encuentra en locales bajo custodia del taller, y se contabilizarán por los días que te excedas del plazo mencionado.

Tres meses ó 2.000 kilómetros de garantía

Todas las reparaciones o instalaciones efectuadas en cualquier taller están garantizadas durante al menos tres meses o 2.000 kilómetros recorridos. No obstante, el establecimiento puede ofrecerte un plazo de garantía superior.

Este periodo de garantía comienza con la fecha de entrega del automóvil, y tendrá validez siempre que una posible avería acogida a la garantía no sea posteriormente manipulada o reparada por terceros. Bajo estas condiciones, la garantía se entiende total, por lo que incluye los materiales aportados y la mano de obra. Por tanto, están cubiertos todos los gastos que se puedan ocasionar, tales como los del transporte que la reparación exija, el desplazamiento de los operarios cuando el vehículo averiado no pudiera moverse, el valor de la mano de obra y materiales de cualquier clase, así como la imposición fiscal que grave la nueva operación. Durante este periodo, si se produce una avería que afecte a lo que te hayan reparado, puedes comunicárselo al taller y pedir que te reparen gratuitamente esta avería. Como respuesta, el establecimiento puede decidir si aborda de nuevo la reparación en sus instalaciones, o bien por el contrario deriva el arreglo a otro taller garante que actúe en su nombre.

EN RESUMEN

- *La garantía de un coche nuevo es de dos años.*
- *Solo es obligatorio llevarlo al taller oficial de marca cuando vaya a realizarse una reparación cubierta por la garantía del vehículo.*
- *Cuando el automóvil quede depositado en el taller, deben darte un resguardo acreditativo.*
- *Todo usuario tiene derecho a un presupuesto escrito de una validez mínima de doce días hábiles.*
- *Las reparaciones o instalaciones están garantizadas durante tres meses ó 2.000 kilómetros recorridos.*

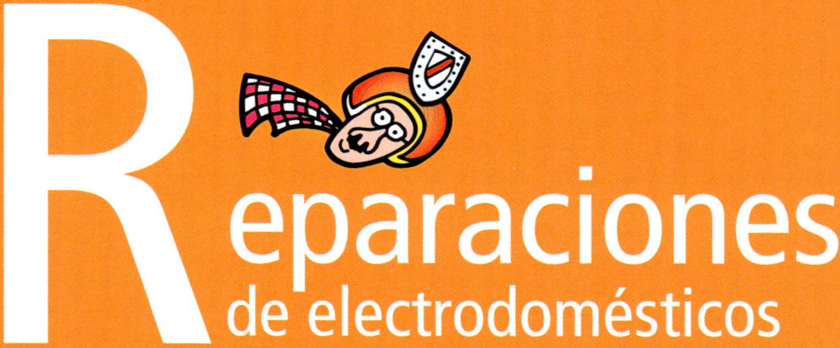
Reparaciones
de electrodomésticos

¿No sabes si te merece la pena reparar la lavadora? ¿Después de confirmar que el presupuesto era de 60 euros, ahora pretenden cobrarte el doble? ¿Te dicen que ya no existen piezas para arreglar tu televisor?

Sin presupuesto previo, no hay trato

Antes de reparar cualquier electrodoméstico debes saber cuánto te va a costar. Tienes derecho a que la empresa te realice un presupuesto previo por escrito, aunque si finalmente no lo aceptas puede cobrarte por su elaboración. En este documento tiene que aparecer la descripción de los daños, fijando el motivo de la reparación, operaciones a efectuar y el coste de las mismas. Además, deben entregártelo en un plazo no superior a cinco días hábiles.

Los términos y condiciones recogidos en el presupuesto han de mantenerse durante al menos treinta días desde que te lo comuniquen. En caso de no aceptarlo, deben devolverte el electrodoméstico en las mismas condiciones que cuando lo entregaste. Eventualmente, durante la elaboración del presupuesto o la reparación, pueden aparecer averías o defectos ocultos con los que no contabas en un principio. En este caso, la empresa debe notificártelo con la mayor brevedad posible y redactar otro presupuesto adicional. No podrán efectuar dichos cambios si no das expresamente tu consentimiento para ello.

El resguardo de depósito

Cada vez que dejes un electrodoméstico en el servicio de asistencia técnica, ya sea para elaborar el presupuesto o para realizar la reparación, deben entregarte un resguardo acreditativo por haber realizado este depósito. Este documento acredita que el electrodoméstico se encuentra en el establecimiento y la presentación del justificante es necesaria tanto para la recogida del presupuesto previo como para la retirada del aparato.

Si lo pierdes tendrás que describirlo tal y cómo lo requiera la empresa.

Recuerda que el propio presupuesto también puede hacer la función de resguardo de depósito, siempre que esté firmado por ambas partes.

En el documento debe constar el número de orden, la marca, los datos identificativos de la empresa y del usuario, así como el modelo y número de serie del aparato. Además, tiene que aparecer una especificación detallada de los daños manifiestamente visibles, presuntas averías existentes, defectos observados o servicios a realizar. No olvides que el resguardo ha de estar firmado por ambas partes e indicar tanto la fecha de recepción del electrodoméstico, como el plazo previsto para su entrega.

Información clara y a la vista

Existe una información mínima que los servicios de asistencia técnica de aparatos de uso doméstico deben ofrecerte.

Estas empresas tienen que mantener a la vista de los usuarios carteles con el horario de atención al público, la tarifa de precios por hora de mano de obra, el derecho a presupuesto previo, el plazo de la garantía de las reparaciones y la existencia de hojas de reclamaciones a disposición del público.

No hay piezas de recambio para mi frigorífico

Aunque el modelo del aparato que compraste deje de comercializarse, tienes derecho a que existan piezas de recambio durante un periodo de tiempo. En este sentido, todos los servicios de asistencia técnica están obligados a disponer de repuestos durante al menos siete años desde el cese de la fabricación para los elementos funcionales, salvo en el caso de electrodomésticos cuyo precio de venta no supere los 60 euros, que será de cinco años. Cuando se trate de piezas estéticas el periodo será de dos años.

Lo acaban de reparar pero sigue fallando

Si te acaban de arreglar el DVD y a los dos días sigue sin funcionar correctamente, no te agobies. Todas las reparaciones o instalaciones que efectúen en cualquier servicio de asistencia técnica cuentan con una garantía de al menos tres meses, sin que suponga para ti coste alguno por volver a repararlo. Si tras varios intentos continúan sin solucionar el problema, puedes reclamar y exigir que te devuelvan el dinero que te hayan cobrado por arreglarlo.

La garantía de una reparación afecta a todos los gastos que pueda ocasionar volver a realizar el trabajo, como el transporte o el desplazamiento de los operarios, las piezas de repuesto o materiales necesarios, y los impuestos que conlleve la operación. Recuerda que no es posible reclamar una nueva reparación dentro de la garantía cuando la avería se haya producido por un uso inadecuado del aparato, como por ejemplo que lo mojes, o por causas de fuerza mayor, como por ejemplo que se queme por una subida de tensión. Estas circunstancias tendrán que ser confirmadas por el servicio técnico que otorgó la garantía.

El periodo de la misma comienza cuando te entregan el aparato y tiene validez siempre que no sea manipulado por un tercero. Es importante que conserves los resguardos de depósito, factura, parte de trabajo o presupuesto que te entreguen cuando realices cualquier reparación.

Además de esta garantía sobre la reparación, existe otra que se genera cuando compras el electrodoméstico. Si hace menos de dos años que lo adquiriste y, por tanto, la garantía legal del mismo está vigente, la tienda donde lo compraste debe responsabilizarse de la reparación.

En caso de tratarse de un producto de segunda mano adquirido a un vendedor profesional, debes tener en cuenta que la garantía puede ser pactada por un plazo inferior a dos años, pero que nunca podrá ser menos de uno.

La espera tiene un fin: el plazo de entrega

La empresa está obligada a indicar la fecha de entrega en el presupuesto. Si las operaciones se van a realizar en tu domicilio, el documento tiene que indicar la fecha en que se llevarán a cabo.

Este dato es fundamental para pedir una indemnización si se retrasan en devolverte el electrodoméstico arreglado. En caso de que tu presupuesto no indique este dato, exige que lo incluyan ya que están obligados a ello. Si la demora se debe a la tardanza del fabricante a la hora de suministrar las piezas de repuesto necesarias, también es responsabilidad del servicio técnico, ya que está regulado el tiempo máximo en el que deben ser aportadas. El plazo es de quince días desde la solicitud para las piezas nacionales y un mes para las de importación.

Si se niegan a darte la factura, reclama

Todos los servicios de asistencia técnica están obligados a entregar al usuario una factura detallando, junto a sus respectivos importes, las operaciones realizadas, las piezas de repuesto, el tiempo de mano de obra, los impuestos pertinentes, desplazamiento, transporte, etc. Además, en este documento debe constar el número correlativo del mismo, así como el nombre, domicilio y código de identificación fiscal de la empresa. También ha de aparecer el nombre y domicilio del usuario, marca y modelo del aparato reparado, así como fecha y firma de la persona responsable del servicio técnico.

Exige siempre tu factura y si se niegan a dártela, interpón una hoja de reclamaciones. Este hecho supone una infracción administrativa en materia de consumo y es sancionable económicamente.

EN RESUMEN

- *Tienes derecho a que el servicio técnico te realice un presupuesto previo a la reparación.*
- *En todos los casos en que tengas que dejar el aparato, deben entregarte un resguardo acreditativo de este depósito.*
- *La empresa ha de comunicarte, con la mayor brevedad posible, las averías o defectos ocultos que eventualmente puedan aparecer durante la redacción del presupuesto o durante la reparación del electrodoméstico.*
- *Aunque el modelo del aparato que compraste deje de comercializarse, tienes derecho a que existan piezas de recambio durante un periodo de tiempo.*
- *La garantía de las reparaciones es de tres meses desde la fecha de entrega del electrodoméstico, siempre que no sea manipulado o reparado por un tercero.*

Multas
de tráfico

Y ESTA INFRACCIÓN, ¿HACE CUÁNTOS AÑOS DICEN QUE LA COMETÍ?

¿Te ha llegado a casa una multa de tráfico por exceso de velocidad en una autopista que no sabes ni dónde está? ¿Te la han embargado del banco y no tenías ni idea de su existencia? ¿Ha pasado mucho tiempo desde que, supuestamente, cometiste la infracción y desconoces si ha prescrito?

SI NO ESTÁS DE ACUERDO, NO FIRMES EL CONFORME

Si un Agente de la Autoridad te entrega en mano un Boletín de denuncia y no estás de acuerdo con la infracción de la que se te acusa, no firmes el conforme. De esta forma te reservas tu derecho a presentar alegaciones.

En algunos casos, la primera noticia que tendrás de la multa será una notificación remitida por el ayuntamiento del municipio donde se haya producido la supuesta irregularidad o por la Dirección General de Tráfico (DGT).

Si consideras que no has cometido la infracción, debes presentar alegaciones. Para ello, tienes quince o veinte días, según la administración que te sancione, a partir de que recibas la denuncia por correo certificado o te la entregue en mano un Agente de la Autoridad.

Si te contestan desestimando tus alegaciones, te abrirán un procedimiento sancionador. Tienes un mes de plazo si quieres presentar un recurso.

En caso de que vuelvan a rechazarlas, pueden darte dos opciones: la vía judicial o un nuevo recurso. Para la vía judicial mediante un Recurso Contencioso Administrativo tienes dos meses. En caso de que te den la opción de presentar un tercer escrito tienes otro mes de plazo, lo que se denomina Recurso de Alzada.

Cada vez que presentes alegaciones o recursos ante la administración competente, ésta tiene que contestarte. Si pasado un año y un mes no recibes respuesta, el procedimiento habrá caducado y no podrán imponerte sanción.

Puedes presentar alegaciones

Si el procedimiento ha sido abierto por un ayuntamiento debes presentar las alegaciones en alguno de sus registros y quedarte con una copia sellada. También puedes enviarle tus alegaciones por correo certificado con acuse de recibo, pidiendo a la empresa de correos que te selle una copia.

En caso de que las notificaciones te lleguen de la DGT, puedes presentar tus alegaciones en los registros de cualquier dependencia de tu Gobierno autonómico o de la Administración General del Estado.

Recuerda que no tienes por qué pagar directamente una multa si no has cometido la infracción de la que te acusan.

Existen plazos para que la notificación sea válida

Las infracciones prescriben según sean calificadas como leves, graves o muy graves en tres meses, seis y un año respectivamente. Pasados esos plazos ya no será válida la notificación que te realicen.

Por ejemplo, arrojar a la vía o a sus alrededores objetos que puedan producir accidentes o incendios, es una infracción grave según las Leyes de Tráfico. Si cometes esta imprudencia no podrán iniciar el Proceso sancionador pasados más de seis meses desde la fecha en la que supuestamente te acusen de haber cometido los hechos.

Embargos sin notificación previa

Todas las multas de tráfico constituyen un Procedimiento Administrativo Sancionador, que comienza con la denuncia de la posible infracción. Lo habitual es que los Agentes de Tráfico te entregarán un boletín en el acto.

Sin embargo, hay supuestos que te notificarán posteriormente. Éstos serían los casos en los que no sea posible detener el vehículo, en los que se realice una captación a través de un radar o en los que esté el automóvil estacionado sin conductor. El boletín que te llegue tendrá que especificar el motivo de por qué no se entregó en el acto.

Generalmente estas notificaciones te las enviarán por correo certificado. Si no te encuentras en el domicilio o no la recoge ninguna otra persona, esta circunstancia constará en el expediente junto al día y la hora en la que se intentó comunicar. En un plazo de tres días se realizará una nueva notificación.

Recuerda que en caso de rechazarla también se indicará en el expediente.

Si los interesados son desconocidos o si tras intentar la notificación no se consigue realizar, se hará a través de una publicación en el Tablón de Edictos del Ayuntamiento del último domicilio del titular del vehículo y en el Boletín Oficial de la Comunidad Autónoma o de la Provincia. Estas notificaciones también se darán por válidas.

Si puedes demostrar que no han realizado ninguno de los intentos de notificación anteriores no será válido el embargo y el Procedimiento Administrativo tendrá que retrotraerse al principio para realizarse correctamente. No podrá llevarse a cabo si ha prescrito la infracción.

Recuerda que te darán por notificado si realizas algún acto del que se pueda desprender que sabes que te han multado, como interponer un recurso, ya que quedaría constancia de que conoces su contenido.

Sanción Accesoria por no identificar al conductor

Cuando recibes una multa, te pueden exigir que identifiques en ella quién era el conductor del vehículo en el momento de cometer la infracción. Es obligatorio que lo notifiques a la Administración Sancionadora e indiques si el que conducía era el titular del vehículo, el conductor habitual u otro.

A veces, esto pasa desapercibido pero puede suponer una Sanción Accesoria a la ya impuesta. La **cuantía supondrá el doble de la originaria si la infracción es leve**, y el triple si es **grave o muy grave.**

Solicita una copia de la fotografía del radar

Puede haber casos en los que sospeches que se ha producido un error en la identificación de tu vehículo o de la matrícula porque, por ejemplo, no hayas circulado por la vía en la que supuestamente se te sanciona.

Debes saber que tienes derecho a requerir en tu recurso que se te entregue copia de la fotografía del radar y en su caso, de la verificación de que el mismo se encuentra en buen estado.

EN RESUMEN

- *Si un Agente de la Autoridad te entrega en mano un boletín de denuncia y no estás de acuerdo con la infracción de la que se te acusa, no firmes el conforme.*
- *Si ha pasado más de un año y un mes desde que recurriste, el procedimiento habrá caducado y no te podrán sancionar.*
- *La infracciones leves, graves y muy graves prescriben en tres meses, seis y un año respectivamente.*
- *Si no hay notificación válida no te pueden cobrar la multa.*
- *Debes identificar al conductos del vehículo cuando te lo pidan.*

Seguros

Seguros de hogar

Vivo inseguro con mi seguro

¿Tienes tu vivienda asegurada, pero cuando necesitas la ayuda del seguro, se niega a prestártela? ¿A qué tienes derecho con lo que pagas? ¿Qué puedes hacer si no estás de acuerdo con el informe de daños del perito de la compañía?

Antes de firmar, valora las condiciones

A la hora de contratar un Seguro de hogar, no te fíes de las campañas de publicidad lanzadas por las aseguradoras: pueden tener trampa. Para evitar caer en ellas, ten la precaución de informarte y de que te especifiquen correctamente las condiciones que te ofrecen.

Antes de contratar, procura consultar cuantas ofertas puedas para comparar las coberturas, condiciones y precios que ofrecen las distintas compañías presentes en el mercado. Aunque las referencias también sirven de criterio, ten cuidado con las marcas. A veces nos dejamos llevar por el nombre de una empresa que, sin embargo, puede someter a los consumidores a unas condiciones poco transparentes.

Como tomador o asegurado, has de distinguir entre las condiciones generales y las condiciones particulares del contrato. En las primeras se recogen las condiciones impuestas por la compañía, aplicables con carácter general a cualquier consumidor de este ramo específico.

Pero la parte primordial, y en la que tienes que fijarte para conocer a qué tienes derecho y a qué no, son las condiciones particulares. Son esas cláusulas que se ajustan más a tus necesidades y que recogen aquellos extremos que has querido que queden cubiertos por tu seguro.

No solo paredes y techo, también cuenta lo que hay dentro

Cualquier póliza de Seguro de hogar va a tener en cuenta no solo el edificio o parte de este que destines a tu vivienda, ya sea principal o secundaria. Además de elementos como cimientos, tejados y paredes, armarios empotrados, puertas y ventanas, o incluso garajes y trasteros, es muy importante determinar qué guardas bajo tu techo.

Por eso, las aseguradoras diferencian entre dos conceptos sujetos a riesgo: el continente y el contenido. Porque el espacio disponible en el continente, que es tu vivienda, y sus dependencias anexas, aparcamientos o plazas de garaje, normalmente contienen tus bienes, los de tus familiares o los de aquellas personas que convivan contigo, siempre y cuando no tengan carácter de depósito o custodia.

Así que ojo: según lo que tengas contratado en tu póliza de hogar, habrá unos daños que estén garantizados, y otros que estén excluidos de la cobertura. El abanico ofrecido por las compañías es muy amplio: cobertura por incendio o explosión, inclemencias meteorológicas, robos, rotura de cristales, etc.

Tras el siniestro, mantener la calma

Si desgraciadamente has sufrido un siniestro en tu hogar, tranquilo: tienes siete días para hacérselo saber a tu aseguradora. Pero ni uno más: si te pasas, pierdes el derecho a reclamar, por mucho que el daño esté contratado y cubierto o te encuentres al corriente en el pago de las primas.

En cuanto se lo notifiques, tu seguro abrirá un expediente de siniestro para estudiar tu póliza y ver si tienes derecho o no a la cobertura. Un requisito indispensable es estar al día en tus pagos a la compañía, puesto que si a la fecha del siniestro no has hecho frente a la prima del período en curso, el asegurador no está obligado a pagar la indemnización.

El siguiente paso, consiste en hacer una declaración de valor de los daños materiales y hacérsela llegar a tu aseguradora en menos de cinco días tras la notificación del siniestro. Recuerda que tienes que acompañarla de toda aquella documentación que acredite el importe de compra de los objetos afectados.

La pelota, en el tejado de la aseguradora

Una vez que has notificado el siniestro y has trasladado el listado de daños, llega el turno de la aseguradora. Tendrás que esperar un máximo de cuarenta días desde el incidente para recibir su respuesta: si lo cubre, o no.

Dentro de este periodo, la aseguradora realizará sus propias investigaciones y peritaciones con el fin de pronunciarse en una resolución que determinará, bien el pago de la indemnización, o por el contrario, justificará la negativa a dar cobertura. En el caso de robos o incendios, la aseguradora puede optar por la reparación o la sustitución del bien dañado en lugar de asumir su cuantía.

No solo los consumidores estamos obligados a cumplir los plazos. Aunque será un juez quien lo determine, en caso de que la compañía no cumpla con su obligación de indemnizarte en el tiempo previsto, podemos reclamar su cuantía y exigir el pago de un interés anual, igual al vigente en el momento del siniestro, más un incremento del 50%.

Lo barato puede salir caro

Para poder ofrecer precios competitivos, sobre todo para poder cubrir riesgos como robo o incendio, las compañías establecen límites cuantitativos en el pago de la indemnización. Es lo que se conoce como franquicia, con la cual el asegurado paga esta cuantía, y el resto se encarga de cubrirlo el seguro. Así que, si quieres cobrar el coste real de un objeto siniestrado, ten en cuenta antes la posibilidad de declarar su valor real, especialmente si tiene trascendencia económica. Aunque la prima sería más elevada, te aseguras de cobrar realmente su valor, ni más ni menos.

Si ellos tienen perito, tú también tienes derecho a tenerlo

Con el informe del perito designado por la aseguradora no se acaban tus opciones: si no estás conforme con la valoración de los daños o con la denegación de cobertura, puedes recurrir a tu propio perito en un plazo de ocho días desde la valoración de la compañía. Eso sí, sus honorarios corren de tu cuenta.

Tras la nueva valoración se abren dos posibilidades: o bien ambos peritos llegan a un acuerdo, que se recogerá en un acta conjunta, o justo lo contrario. En tal caso, todavía se puede nombrar un tercer perito o acudir a los tribunales de justicia.

Otras vías por las que puedes reclamar

Antes de dar el paso y acudir a la Justicia, tienes otras vías administrativas o amistosas que, si bien no pueden obligar a la empresa, pueden evitarte la vía judicial, con lo que ganarás tiempo y ahorrarás dinero.

En caso de que la aseguradora siga negándose a afrontar tu cobertura, puedes acudir al Servicio de Atención al Cliente de la misma. Si no te responden en dos meses o desestiman tu demanda, puedes elegir entre dirigirte al Defensor del

Cliente o elevar el asunto a la Dirección General de Seguros y Fondos de Pensiones. El cometido de estos organismos es el de emitir un informe no vinculante que, sin entrar a valorar el fondo del asunto, determinará si la empresa está incumpliendo la normativa del sector con su actuación.

Si bien todas estas alternativas evitarán hacer frente al pago de un peritaje particular, su resolución no es vinculante. Por eso se recomienda que, si la propuesta realizada por la compañía no es demasiado desproporcionada con lo que consideras que te corresponde, puedes plantearte aceptarla.

EN RESUMEN

- *Las compañías de seguros solo cubren los daños incluidos en la póliza contratada.*
- *Antes de contratar un Seguro de hogar, has de saber los supuestos incluidos en la cobertura de la póliza y los que están excluidos.*
- *Ten presente que, para ciertas coberturas, tu póliza puede contemplar limitaciones económicas.*
- *Tienes que comunicar el siniestro en siete días o de lo contrario perderás el derecho a la cobertura.*
- *Dispones de cinco días tras notificar el siniestro para trasladar a la aseguradora una declaración de daños en la vivienda y enseres afectados que indique su valor.*
- *La aseguradora debe informar de su decisión en un plazo máximo de cuarenta días.*
- *Si no estás conforme con la valoración del perito del seguro, puedes recurrir a un perito particular.*
- *En algunos casos, la compañía puede ofrecer la reparación o reposición del bien afectado en lugar de la indemnización.*
- *Utiliza todos los medios a tu alcance para reclamar lo que entiendes que te corresponde.*

¿Y AHORA POR QUÉ NO ME OPERAN?

¿La compañía te deniega los gastos médicos alegando que no declaraste padecer esa enfermedad en el momento de contratar el seguro? ¿Necesitas recibir rehabilitación y quieres saber si tienes derecho al traslado en ambulancia? ¿Por qué la aseguradora no quiere reembolsarte la factura de la operación si estaba cubierta?

ELIGE LA MEJOR COBERTURA SEGÚN TUS NECESIDADES

Con un seguro de salud puedes contratar los servicios de asistencia médica o quirúrgica de las distintas especialidades sanitarias que existen. En caso de necesitar una intervención, ésta puede ser en régimen ambulatorio u hospitalario, es decir, que vuelvas a casa el mismo día de la operación o tengas que permanecer en el hospital más tiempo.

Además de los servicios de cualquier especialidad, puedes contratar los propios de cada una de ellas. De esta forma, tienes la opción de elegir lo que más se ajuste a tus necesidades: enfermería, medicina general y medicina de familia, alergología e inmunología, hospitalización, oncología, aparato digestivo, cirugía cardiovascular, etc.

Por otra parte, es importante consultar el documento de condiciones particulares para saber qué cubre tu seguro, cómo y hasta dónde, pues los servicios sanitarios suelen estar sometidos a exclusiones, limitaciones o periodos de carencia.

ENTÉRATE BIEN DE LO QUE CONTRATAS

Si te vas a someter a una intervención quirúrgica pero no sabes los gastos y servicios que cubre tu póliza de salud, debes consultar las cláusulas que la regulan. En ellas se indican los servicios sanitarios, el personal facultativo y los servicios complementarios y accesorios que has contratado. Ninguna aseguradora cubre ningún servicio que no esté expresamente recogido y previsto en la póliza. No obstante, y con carácter general, cuando se tiene contratado el derecho a la hospitalización, el seguro cubre los gastos por honorarios de médicos y demás personal sanitario, utilización de quirófano y estancia hospitalaria, así como cualquier servicio médico utilizado durante la intervención u hospitalización que resulte necesario para llevar a cabo el servicio.

Por otro lado, hay gastos excepcionales que se contratan en muy contados casos, como son los de internamiento psiquiátrico, estancia hospitalaria en la Unidad de Vigilancia Intensiva (UVI), Unidad de Cuidados Intensivos (UCI) o estancia del recién nacido en incubadora, entre otros.

El temido cuestionario de salud, vía de escape de la aseguradora

No te extrañes si, antes de contratar, la compañía te obliga a realizar un cuestionario de salud para conocer de antemano los padecimientos que puedas tener. Así, con este test, la aseguradora conoce previamente tu perfil sanitario y, en su caso, el estado actual de la enfermedad que sufras. Incluso, es habitual que te consulten si te estás sometiendo a algún tratamiento prescrito por facultativo y que debe continuar.

Puede sucederte que, aun teniendo cubierto el servicio médico en determinada especialidad, la aseguradora rechace su prestación con cargo a la póliza. En estos casos, las compañías se acogen precisamente a los antecedentes recogidos en el test-cuestionario para denegar la cobertura, al ser la realidad distinta de lo que informaste al firmar el contrato. Por ello, procura declarar los padecimientos o enfermedades que sufras para evitar sorpresas.

Conoce bien los gastos que tienes cubiertos

En ocasiones te encontrarás con gastos que la compañía no va a cubrir por exclusión, como son los padecimientos declarados previamente en el cuestionario de salud, y otros que, según la compañía, no están incluidos para esa póliza médica.

Algunos de esos servicios no cubiertos son honorarios de facultativos u otros profesionales ajenos al cuadro médico de la póliza, así como los gastos de pruebas complementarias y los tratamientos que realicen o prescriban los mismos. Tampoco suelen incluirse los gastos por estancia y asistencia de urgencia en clínicas no concertadas y el desplazamiento para recibir asistencia sanitaria en la misma o distinta provincia, o en el extranjero.

Asimismo, hay gastos que no se pueden contratar porque se consiguen por otra vía: gastos de farmacia en régimen ambulatorio, vacunas y tratamientos varios que los puede recetar la Seguridad Social.

Otros gastos que pueden resultar costosos son los de hospitalización socio-familiar o por enfermedad de larga duración, tratamientos de reproducción asistida, material ortoprotésico externo, tratamientos podológicos correctores, honorarios por tratamientos o diagnósticos en balnearios, curas de reposos o tratamientos alternativos a la medicina científica, etc.

Si hay período de carencia, pagarás tú

También puede suceder que, aunque hayas contratado cierta cobertura y cumplas todos los requisitos, debas esperar algún tiempo para tener derecho a ella. Es lo que se denomina periodo de carencia y viene reflejado en las condiciones particulares.

Por ejemplo, si en tu póliza se indica que la hospitalización queda cubierta con un período de carencia de seis meses, tendrá que pasar ese tiempo desde la contratación para que puedas hacer uso de este servicio. En el caso de necesitar utilizarlo mientras está vigente el periodo de carencia, tendrás que ser tú quien abone los gastos.

De ahí la importancia de saber, antes de firmar, si el seguro está sujeto a limitaciones, ya que puede no interesarte contratar bajo las condiciones que te impone la compañía.

Las aseguradoras suelen establecer períodos de carencia para servicios como la hospitalización e intervenciones quirúrgicas, la planificación familiar, los gastos derivados del parto, tratamientos especiales o los medios de diagnostico (TAC, resonancia magnética, medicina nuclear, radiología intervencionista, etc.).

Para estar seguro con tu seguro

Desde el momento en que contratas el seguro médico tienes derecho a conocer en qué centros, hospitales o clínicas serás atendido, así como los facultativos que tienes a tu disposición, el cuadro médico que corresponde a la especialidad contratada, resto de personal sanitario, laboratorios de análisis y cualquier otro requisito necesario para prestar ese servicio.

De esta manera conoces por adelantado el profesional que te asistirá en caso de precisarlo. Esta información se suele materializar con la entrega de un cuaderno o guía donde podrás encontrar esta información y los datos de contacto de cada centro.

Identifícate con la tarjeta sanitaria de tu compañía

Al contratar un seguro médico, la compañía te entrega una tarjeta sanitaria de uso personal e intransferible que deberás presentar cuando te la requieran en el centro u hospital concertado. Llévala siempre encima porque no se sabe cuándo te puede hacer falta.

Cuando hagas uso de los servicios sanitarios contratados, el centro al que acudas te requerirá la tarjeta para identificarte como asegurado, conocer tus datos y pasar la factura a la compañía. Cuando la aseguradora estudie tu póliza y vea si tienes derecho a la cobertura pagará al centro los gastos de los servicios utilizados. Si por el contrario, no tuvieras derecho, el centro te reclamará a ti que los abones.

Los motivos por los que te pueden denegar el pago pueden ser diversos, según supuestos de exclusión, limitaciones o carencias. No obstante, la compañía siempre quedará exonerada de pagar cualquier gasto a centros, clínicas y profesionales no relacionados en la póliza.

Vías para defender tus derechos

Antes de dar el paso y acudir a la Justicia, tienes otros medios para exigir que se cumplan tus derechos que, aunque no obliguen a la empresa, pueden evitar que recurras a la vía judicial.

En caso de que la compañía se niegue a dar una cobertura a la que tienes derecho, debes presentar una reclamación ante el Servicio de Atención al Cliente o ante el Defensor del Cliente de la empresa. Si transcurren dos meses sin dar respuesta o si la hay pero es desestimatoria, podrás poner el asunto en conocimiento de la Dirección General de Seguros.

EN RESUMEN

- *Con el seguro de salud puedes contratar los servicios correspondientes a cualquier especialidad sanitaria de las existentes.*
- *Lee atentamente las condiciones particulares de tu póliza para saber lo que te cubre y en qué condiciones.*
- *La aseguradora te debe facilitar al contratar, una tarjeta sanitaria para identificarte como asegurado y utilizarla para las coberturas, así como una guía informativa sobre los facultativos, los centros y hospitales que te corresponden.*
- *Infórmate bien si tu póliza está sujeta a período de carencia.*
- *No recurras a las coberturas en clínicas, hospitales o centros no concertados con la aseguradora.*
- *El uso de cualquier servicio no contratado correrá por tu cuenta.*
- *Utiliza los medios de reclamación a tu alcance para pedir lo que te corresponde.*

Seguros de vehículos

Era a todo riesgo, ¡pero para mí!

¿No sabes qué conceptos cubre el seguro de tu vehículo? ¿Tienes derecho a un coche de sustitución mientras reparan el tuyo? ¿Crees que te han dado poca indemnización tras un siniestro total, pese a tener tu automóvil asegurado a todo riesgo?

Tu póliza solo cubre lo contratado

Cuando te plantees la contratación de un seguro para tu vehículo, debes informarte de las distintas modalidades de cobertura que te ofrecen las compañías, y saber qué aspectos están cubiertos y cuáles no en cada caso.

Aunque cada empresa tiene sus propias ofertas, las aseguradoras suelen cubrir materias comunes. El principal es el seguro de responsabilidad civil, que puede ser de suscripción obligatoria o voluntaria.

Asimismo, otros aspectos comunes que ofrecen cubrir son ante robo, incendio, explosión, rayos, daños al propio automóvil, roturas de lunas y parabrisas, seguro de ocupantes, defensa jurídica y reclamación de daños, además de por riesgos extraordinarios.

Lo mínimo, el seguro de responsabilidad civil frente a terceros

Como su propio nombre indica, el seguro de responsabilidad civil de suscripción obligatoria es imprescindible para todo propietario de vehículo a motor. Con esta modalidad se garantiza que, en caso de accidente, los terceros afectados puedan recibir una indemnización tanto por los daños corporales sufridos como por los materiales a sus bienes, siempre que estos fueran ocasionados por el coche asegurado. Esta cobertura pretende garantizar una indemnización, dentro de los límites de lo contratado, como consecuencia de una posible conducción negligente del tomador del seguro.

No obstante, la compañía puede quedar exenta de su pago si llega a probar que los daños sean resultado, de forma única y exclusiva, de la conducta negligente del tercero perjudicado o por causa de fuerza mayor ajena a la conducción.

Para saber qué gastos cubre el seguro de responsabilidad civil, basta con comprobar los límites fijados en la póliza. No obstante, los más comunes para esta modalidad suelen ser el pago de indemnizaciones a terceros; la prestación de posibles fianzas que puedan ser exigidas por los tribunales o la dirección jurídica, frente a la posible reclamación judicial del perjudicado.

Si quieres protegerte, debes contratar una cobertura adicional

Si sufrir un siniestro es ya de por sí bastante poco agradable, peor es descubrir, cuando ya es tarde, que la cobertura de responsabilidad civil obligatoria no cubre los daños sobre tu persona o tus bienes, incluidos tu propio vehículo y cosas transportadas por él en el momento del siniestro.

Para ello será necesario que contrates, puesto que tampoco quedan siempre cubiertos, los daños causados por un vehículo robado, aquellos derivados de conducir bajo influencia de bebidas alcohólicas o de drogas, estupefacientes o psicotrópicos, o los daños que no tengan su origen en la conducción.

No porque te hayan robado tienes por qué estar cubierto

Para evitar problemas ante el posible robo de tu vehículo, puedes contratar una modalidad de cobertura concreta para este caso. Con esta opción, normalmente las compañías garantizan la indemnización por los daños o la pérdida del vehículo como consecuencia de su sustracción. Ahora bien: como cualquier modalidad de seguro, está sujeta a muchas exclusiones, y de ahí la importancia de fijarse muy bien en sus términos. La lista no es precisamente corta. Por ejemplo, algunas pólizas no cubren los daños ocasionados por actos vandálicos o malintencionados, o cuando suceden como consecuencia de tumultos durante el transcurso de reuniones y manifestaciones.

También suelen estar excluidas en las indemnizaciones por robo, las situaciones derivadas de tu propia negligencia cuando, por ejemplo, por despiste te dejas las llaves puestas; ya que se entiende que facilita la comisión del siniestro.

El seguro se queda con tu coche robado si aparece tras indemnizarte

Lo primero que te exige una aseguradora para tramitar una reclamación por el robo de tu automóvil es la pertinente denuncia ante la Policía. En los siete días de los que dispones para comunicar el siniestro, debes presentar una copia de la denuncia y de cualquier otra documentación que te pidan en las condiciones de tu póliza.

El siguiente paso que dará la compañía es el de abordar, en el plazo que se fije en la póliza, sus propias diligencias e investigaciones. Si todo está conforme a lo estipulado, la empresa procederá a abonarte la indemnización.

Puede pasar que, durante este plazo, aparezca el coche. Lo normal es que, después de que el seguro te arregle los daños que pudiera tener, te lo quedes.

Ahora bien, si la recuperación se da con el plazo cumplido y la indemnización ya pagada, el seguro se quedará con el vehículo. Pero no te preocupes: todavía puedes recuperarlo si devuelves lo que te han pagado.

No solo puedes proteger tu coche ante robos: también existe la posibilidad de asegurarlo frente a situaciones como incendios, explosiones o caídas de rayos.

Seguros para casos fortuitos o imprevisibles

Al igual que con el robo, si quieres asegurarte frente a posibles perjuicios por incendio, explosión o caída de rayos en tu vehículo, debes contratar específicamente esta cobertura.

Para ello, debes cerciorarte expresamente de los aspectos que quieres que estén cubiertos y procurar tener pleno conocimiento de los límites de lo protegido y de las posibles exclusiones que puedan fijarse.

Si de manera especial quieres que ciertos efectos o accesorios queden protegidos frente a estos siniestros, deberás asegurarlo concretamente junto con declaración del valor de los efectos que deseas garantizar.

Cuando tú eres el causante de la colisión

Para asegurarte de que los posibles destrozos que hayas causado a tu coche por una conducción negligente se acojan al seguro, existe una cobertura concreta: la de daños al propio vehículo. En ella deben estar fijadas las condiciones, límites y exclusiones que pudieran afectarle.

Además del perjuicio que pueda sufrir el automóvil, esta póliza suele cubrir también los gastos de desplazamiento por grúa al taller más cercano o a aquel que dejes designado.

Y antes de firmar nada, procura cerciorarte de que quede claro quién deberá pagar los costes del depósito del vehículo en el taller mientras esperas a que el seguro responda: si corren a cargo de la compañía o si por el contrario vas a tener que pagarlos tú.

El coche de sustitución

Especial interés, por los problemas que plantea en la práctica, tiene el derecho a coche de sustitución. Hay que tener mucho cuidado, porque este concepto debe estar previamente recogido en la póliza.

Por ello, debemos procurar ser cautos y no dejarnos llevar por anuncios publicitarios que intentan captar clientes ofreciendo esta cobertura, y solicitar información al respecto antes de contratar.

Ahora bien, si la compañía te ofrece el vehículo de sustitución sin estar recogido en la póliza, asegúrate de que cumpla con lo prometido, de manera que, cuando te haga falta y lo pidas, no te veas sorprendido por la negativa a concederlo.

Si a pesar de no estar recogido en el contrato, consideras que la publicidad garantizaba tu derecho a este servicio, es esencial que conserves un documento donde se refleje esta promoción, ya que podrías plantearte denunciar a la empresa por publicidad engañosa y exigir su cumplimiento.

Lunas y parabrisas

Para tener derecho a la reparación o reposición de lunas y parabrisas es necesario, obviamente, tener suscrito este tipo de póliza. Aunque la aseguradora está obligada a la reparación o la reposición y colocación de los efectos dañados, la empresa puede negarse a cubrir cualquier otro concepto distinto del arreglo o sustitución. Por norma general, las compañías de seguros suelen excluir de esta cobertura todo lo relacionado con rayaduras, picaduras, desconchados y otras causas que den lugar a daños estéticos, así como los desperfectos o roturas de faros, pilotos, intermitentes, espejos o cualquier otro tipo de objeto cristal.

Tampoco están cubiertos, generalmente, los elementos de plástico del coche asegurado o de los componentes o lunas de posible remolque que lleve anexo el coche contemplada esta situación previamente en la póliza.

Cuando la reparación es más cara que el coche

Es posible que, tras tener un accidente especialmente grave, el estado de tu coche quede declarado como siniestro total. Se considera que un vehículo tiene condición de siniestro total cuando el importe presupuestado de reparación supere el 100% de su valor vigente.

Por supuesto, para estar cubierto ante un posible siniestro total es necesario tener contratada esta modalidad de seguro. Si sufres un accidente así de grave y estás cubierto, lo normal es que te indemnicen según el tiempo desde la primera matriculación, menos el valor de los restos del coche siniestrado.

El cálculo en estos casos varía según el periodo de tiempo transcurrido. Por ejemplo, si el siniestro total ha tenido lugar durante los primeros dos años desde la matriculación, el valor será el del automóvil nuevo. A partir de aquí, se toma como referencia el valor venal: el valor de mercado del vehículo inmediatamente antes de la ocurrencia del siniestro.

Así, desde el vigésimo quinto mes hasta el trigésimo sexto (ambos inclusive), el valor del coche será el valor venal, más el 15%. A partir del mes treinta y siete, incluido este, se tomará únicamente como referencia para la indemnización su valor venal.

Compartir los gastos con tu compañía

Una opción para abaratar los costes de la póliza supone la contratación de un seguro con franquicia. La franquicia es la cantidad que, en caso de siniestro, tienes que pagar como usuario, según lo pactado para cada una de las modalidades contratadas.

De esta forma, tendrías que pagar un importe fijo del total de la indemnización, y el resto lo pagaría la compañía. Así, compañía y asegurado comparten los riesgos.

Esta modalidad puede resultar ventajosa, porque el costo de la prima se reduce notablemente al asumir tú una parte que se va a ahorrar la aseguradora en caso de accidente.

Pero hay que tener cuidado: si en un mismo año sufres varios accidentes, tendrás que pagar franquicia por cada uno de ellos... y el coste puede entonces superar al de la prima anual.

Es habitual entre los poseedores de coches de lujo o caros, a los que corresponden pólizas de mucho valor y a todo riesgo, porque al obligarse a abonar una parte de la indemnización, sale menos costosa la prima.

El inconveniente principal es que algunas pólizas establecen límites a las franquicias contratadas. Por ejemplo, hay modalidades que cobran por zonas del vehículo, y si en una misma colisión se te estropea un lateral y el guardabarros, puede ser que te obliguen a pagar franquicia por cada una de ellas.

Reclama si no estás conforme

Si tras la reclamación por siniestro no quedas conforme con la actuación de la compañía, puedes dirigirte al servicio de atención al asegurado de la propia empresa, a la cual puedes elevar una reclamación. Para hacerlo, debes identificar al asegurado y la póliza, y exponer las razones por las que no estás de acuerdo.

Desde el momento de su recepción, la aseguradora tiene dos meses para dar una respuesta a tu reclamación. Este trámite es imprescindible si tu deseo es elevar la reclamación, en última instancia, a la Dirección General de Seguros y Fondos de Pensiones.

No obstante, antes de hacerlo puedes dirigirte al defensor del cliente de la entidad (si dispone de él), siempre y cuando la respuesta del servicio de atención al asegurado no haya sido satisfactoria. Y si tampoco te convence, adelante: remite la queja a la Dirección General de Seguros y Fondos de Pensiones.

EN RESUMEN

- *Las aseguradoras disponen de distintas coberturas, pero tienes que contratarlas si quieres tener derecho a una indemnización.*
- *Es obligatorio asegurar la responsabilidad civil frente a terceros para poder circular.*
- *Los daños que sufras tú o tus bienes en un siniestro causado por tu conducción negligente, solo estarán cubiertos si así lo contratas.*
- *Comprueba la publicidad que oferte un coche de sustitución, puesto que solo se garantiza si está recogido en la póliza.*
- *Ten cuidado con la indemnización por siniestro total, porque puede dar lugar a sorpresas.*
- *Si crees tener derecho a mayor indemnización, reclama.*

Hostelería
y restauración

LA COMIDA ESTABA BUENÍSIMA, EL QUE ESTÁ AHORA MALO SOY YO

¿Debes pagar el importe que te pidan si no hay lista de precios? ¿Puedes reclamar si en un bufé libre faltaba la mitad de los platos? ¿A qué tienes derecho si te manchan la camisa de vino? ¿Es legal que en la carta de platos de un restaurante indiquen que el pescado depende del precio de mercado?

EXIGE SIEMPRE LA LISTA DE PRECIOS

Los establecimientos de hostelería y restauración deben tener siempre en su interior una lista de precios en la que figuren todos los productos que se sirvan, acompañados de los precios de cada uno de ellos. Por ello, debes reclamar ante aquellos precios que no vengan detallados y en los que se indique que su valor depende de los precios de mercado. La normativa establece que, como consumidor, tienes derecho a conocer el precio final completo de los servicios o bienes que se te ofrezcan. Aun así, cuando te decidas por un plato cuyo precio te han ocultado, y luego pretendan cobrarte una cantidad desproporcionada por él, reclama para que te cobren algo razonable. Si al pedirlo, se niegan a bajarte el precio o éste sigue siendo desorbitado, puedes llegar a negarte a pagar.

SI EL VALOR DEL PESCADO CAMBIA A DIARIO, TAMBIÉN EL PRECIO

Por mucho que un producto como el pescado pueda cambiar de precio en origen para el hostelero con cierta frecuencia, no está permitido que te indiquen en la carta que el coste del pescado depende de su precio de mercado. Esto no significa que el precio de un producto no pueda variar en un restaurante, sino que si lo hacen, deben indicarlo. Para ello, basta con valerse de algo tan simple como una pegatina que se vaya cambiando e indique el valor concreto de un plato como el pescado.

Los establecimientos de hostelería y del sector de la restauración, están obligados a ofrecer al público cartas en las que aparezcan detallados los precios de todos los servicios que prestan, incluidos aquellos en los que con frecuencia puedan producirse grandes oscilaciones en el coste de su materia prima.

Pueden cobrarte el servicio en mesa, pero no el cubierto

En ocasiones, en la carta del restaurante puede aparecer indicado que el precio de los productos servidos en mesa es más caro que si te atienden en la barra. Esta práctica está permitida, pero asegúrate de consultar en la carta de precios cuál es el incremento antes de llevarte algún susto.

Un concepto que sí que pueden intentar colarte, y que no está permitido, es el del cubierto. Si tratan de cobrarte por usar estos utensilios, indispensables para poder consumir, recuérdales que no pueden hacerlo. Y si insisten, no pagues por ello, y no te olvides de presentar una reclamación.

Lo que sí pueden cargarte en la cuenta, siempre que aparezcan listados y con precios, son los aperitivos, el pan o los picos que te ofrezcan. Aunque, ojo: solo si los aceptas.

Puedes reclamar si no hay variedad en un bufé libre

Normalmente, el precio de un bufé libre viene relacionado, entre otros aspectos, con la cantidad y la calidad de los platos que se ofrecen.

Por ello, si te encuentras con que la mitad de los platos están agotados en el momento en el que accedes al establecimiento, puede ser un criterio determinante para reclamar y que no pagues parte del precio.

El hecho de que la variedad del bufé libre se vea afectada de forma clara es suficiente para hacerlo, puesto que la oferta perdería gran parte de su sentido. Además, si la publicidad del restaurante oferta unos platos que luego no están disponibles, puedes reclamar por ello.

Las bebidas de "garrafón"

El hecho de que no te sirvan la bebida que has pedido, que esté adulterada, rebajada o que se trate de una imitación de una marca (lo que se conoce como *garrafón*) supone un manifiesto supuesto de incumplimiento contractual.

Por lo tanto, no solo tienes derecho a que te devuelvan el dinero, sino también a interponer una denuncia ante la Administración competente en materia de Consumo.

Asimismo, y al igual que en el caso de los productos sanitarios en mal estado, debes solicitar la presencia de la Policía Municipal con el fin de que requise las muestras necesarias para realizarles un análisis posterior.

Por supuesto, y en caso de que te hayan cobrado previamente la bebida, no dejes de exigir factura o justificante detallado para poder realizar posteriormente una posible reclamación. Igualmente, si ya has consumido tu copa parcial o totalmente, has de solicitar tu recibo para poder reclamar.

Recibo o factura detallada con impuestos

En los restaurantes, independientemente de su categoría, puedes exigir siempre una factura detallada. Sin embargo, las cafeterías solo están obligadas a ofrecerte un recibo justificante por las cantidades pagadas, aunque en ella deben aparecer detallados los productos servidos y su correspondiente precio.

Debes saber que la factura ha de ceñirse a las tarifas establecidas en la carta o menú, las cuales se entienden como globales y con todos sus impuestos ya incluidos.

Entre otras cosas, la legislación vigente exige que el empresario te muestre claramente el precio completo de lo que te ofrezcan, con todos sus impuestos añadidos.

El restaurante es responsable si te mancha la camisa

Siempre y cuando la culpa o la negligencia sean del establecimiento o de su personal, si te ocurre algún daño o perjuicio en tu ropa de vestir o en los objetos que lleves mientras te encuentras en el interior de un establecimiento, debes ser indemnizado.

En el supuesto de que te manchen la camisa de vino, tienes derecho a poner una reclamación en la que pidas al restaurante, cafetería o local hostelero que corra con los gastos de la limpieza y planchado de dicha camisa. Lo mismo sucede si has tenido que reparar tu móvil porque el camarero le ha derramado un café encima.

Los peligros del suelo mojado

Si tienes la mala suerte de caerte al suelo en el interior de un recinto hostelero y resultas dañado, podrías plantearte tramitar una reclamación a la empresa por los perjuicios ocasionados, siempre que exista una evidencia de negligencia por parte de la empresa. No obstante, para ello es siempre recomendable recabar todo tipo de pruebas que puedan contribuir a documentar de forma fehaciente la posterior reclamación.

La comida en mal estado no se paga

Cuando consideres que la comida que te han servido no estaba en buen estado, has de saber que esto puede ser considerado como un incumplimiento contractual, por lo que no estarías obligado a abonar el precio del plato. Es evidente que el precio que se paga por un plato lleva implícito su perfecto estado, en lo que se refiere a las condiciones para ser consumido. Si no es así, no existe justificación alguna para su abono. Pero si, a pesar de ello, finalmente han incluido el coste del plato en mal estado en el precio total, puedes negarte a pagar la parte correspondiente o pedir la factura para poder efectuar una posterior reclamación.

La empresa es responsable del buen estado de sus productos

En el caso de que entiendas que el estado higiénico-sanitario de los productos servidos en un establecimiento de hostelería o restauración no reúne las condiciones adecuadas, has de poner este hecho en conocimiento del encargado. Para ello, siempre es recomendable que lo hagas a través de un escrito. Por otro lado, debes solicitar la presencia de la Policía Municipal con el fin de que requise las muestras necesarias para efectuar un análisis posterior sobre las mismas.

Conviene recordar que la empresa ha de tener siempre disponible una muestra de los productos que se sirven, a efectos de que las autoridades en materia higiénico-sanitaria puedan efectuar, siempre que sea necesario, los análisis que estimen oportunos. Por supuesto, en ningún caso es recomendable consumir un producto del que tengas dudas sobre su condición, por muchas explicaciones que pretendan darte desde el establecimiento.

Las intoxicaciones están sujetas a indemnizaciones

En un caso extremo, si sufres una intoxicación alimentaria por ingerir alimentos o bebidas en mal estado, mereces recibir una indemnización por los daños y perjuicios causados, por los problemas de salud que te provoquen. Así que debes reunir pruebas de la responsabilidad del establecimiento e informes médicos sobre los daños sufridos para poder reclamar la cantidad que corresponda.

Lo primero que tienes que demostrar es la vinculación entre la ingesta de los alimentos y la intoxicación que hayas sufrido. Como en el centro sanitario donde te presten asistencia deben entregarte un informe, solicita que en él se aclare, con el máximo detalle posible, el origen de la intoxicación.

Otro elemento que te servirá como prueba es la inmediatez de la intoxicación con respecto a tu visita al bar, cafetería o restaurante en cuestión. Y si, además de ti, han sufrido el mismo problema otras personas que te acompañaran o que conozcas, sus testimonios y sus propias reclamaciones lo pondrán todo mucho más fácil para establecer la relación causa-efecto.

SIN RECIBO, SERÁ MÁS DIFÍCIL DEMOSTRAR LA RESPONSABILIDAD

Evidentemente, también va a ser muy importante conservar un recibo que acredite que estuviste en el local. Y es que, si no lo pediste o te deshiciste de él, la cosa puede complicarse. A pesar de ello, puedes valerte de personas que atestigüen que comiste allí, o formular tu reclamación junto a la de otros afectados, si es que los hay. Cabe la posibilidad también de que, por culpa de la intoxicación, tengas que estar varios días o semanas de baja. Por ello, lo mejor es que envíes cuanto antes un escrito al responsable del establecimiento hostelero para ponerle en su conocimiento el problema que has sufrido e informarle de que vas a exigirle una indemnización. En el momento en que un informe médico determine el número total de días que hayas tenido que permanecer de baja, el tratamiento seguido como consecuencia de la intoxicación y los problemas de salud que te haya provocado, puedes calcular la cuantía económica que vas a solicitar.

Una herramienta útil que puedes usar para calcular lo que te pertenece por los días que hayas estado de baja, es el baremo de referencia aprobado por el Gobierno para los accidentes de circulación.

EN RESUMEN

- *Los bares, cafeterías y restaurantes deben tener siempre una lista de precios a disposición del público.*
- *Está prohibido indicar que un producto se cobrará en función de los precios de mercado.*
- *Los precios indicados en recibos y facturas han de llevar el IVA incorporado y deben ser los mismos que figuran en la lista de precios.*
- *Si la comida servida estaba en mal estado, no tienes obligación de pagarla.*
- *Puedes reclamar por daños y perjuicios si sufres una intoxicación tras comer en un restaurante.*

Enseñanza
no reglada

Los libros muy interesantes, pero la academia ya no existe

¿Los materiales que recibiste no tenían nada que ver con lo que te vendieron? ¿Tienes financiado el curso y no sabes si puedes darte de baja? ¿Las condiciones no se ajustan a la publicidad de la academia?

Antes de matricularte, infórmate

La enseñanza no reglada se imparte en centros privados. Los estudios que realices en ellos son útiles en cuanto a la formación obtenida, la adquisición de conocimientos o la preparación de pruebas, pero no puedes obtener títulos oficiales con validez académica.

Recuerda que estos centros pueden impartir enseñanza tanto presencial en sus propios locales, como a distancia, a través de correo o Internet.

A la hora de escoger un curso, compara diversas ofertas. No te guíes exclusivamente por la información que te suministren a través de la publicidad, aunque recuerda que es vinculante para el empresario. Debes solicitar al centro, información sobre los contenidos, metodología, duración del curso y programación, así como los materiales que incluye como libros, recursos multimedia, clases presenciales, etc.

Por otra parte, no olvides consultar la cualificación profesional del profesorado y los títulos o certificados no oficiales que se pueden obtener. Además deben indicarte la forma de pago y el precio total del curso donde se desglose cada concepto, como el coste de la matrícula y el material.

En este sentido, ten en cuenta si el contrato te obliga a asumir una deuda por la totalidad del precio del curso o puedes encontrarte con problemas para pedir la devolución si te dieras de baja antes de terminarlo.

También, es recomendable pedir información sobre los datos de la academia, el horario previsto y lugar en el que se va a impartir. Pregunta sobre el número mínimo y máximo de alumnos por clase, el plazo de inscripción y las características para reservar plaza si existe esta posibilidad.

Por otra parte, no te olvides de consultar las causas, formalidades y consecuencias de la resolución del contrato así como el plazo mínimo de preaviso para darte de baja.

Becas y bolsas de trabajo

Cuando la academia ofrezca becas, bolsa de trabajo o un sistema similar, consulta el baremo y demás condiciones de los mismos. Pregunta si existen convenios establecidos con alguna entidad o empresa y el lugar donde puedes consultar el contenido de los mismos.

Si se hace referencia a una oferta de empleo público, es importante que te confirmen si está o no en vigor antes de matricularte.

Formación no presencial

En caso de formación no presencial, infórmate sobre los materiales informáticos, audiovisuales o de cualquier otro tipo que necesites para realizar el curso, y si son facilitados por el centro o tienes que adquirirlos por tu cuenta. Asimismo, pregunta sobre el sistema para contactar con el profesorado a distancia.

Es posible que el servicio de atención telefónica sea a través de un número de tarificación adicional, por lo que tenlo en cuenta a la hora de contratar el curso ya que el precio final puede verse encarecido enormemente.

Para ello, consulta el coste por hora o minuto de la conexión en este caso y el tiempo necesario de comunicación estimado para el seguimiento del curso con aprovechamiento. Pide que te especifiquen si dichos costes corren a cargo del alumno o están incluidos en el precio del curso.

Conserva los folletos que te entreguen

Cuando te intereses por algún curso, lo habitual es que la academia te facilite un folleto donde se recogen todos los detalles del mismo. Recuerda conservar la publicidad y todos los documentos que te entreguen. Pueden serte útiles en caso de interponer una reclamación si la empresa incumple las condiciones que se indican en ellos.

En algunas comunidades autónomas, está regulado el contenido mínimo que deben contener estos folletos.

Modalidades de pago

Existen tres formas de abonar el curso: al contado, a través de cuotas periódicas y financiado mediante un crédito al consumo. Los centros de enseñanza no reglada pueden ofertar libremente una o varias de estas modalidades de pago.

Es aconsejable buscar academias en las que la modalidad de pago sea por mensualidades, es decir, según la formación que se reciba.

En caso de financiar el curso, entra en juego un nuevo agente, la entidad bancaria. Por ello es recomendable que el crédito quede expresamente vinculado por escrito al contrato de enseñanza. Esto resulta útil en caso de incumplimiento por parte del centro.

Si aceptas contratar el crédito con la entidad financiera ofertada por la academia, se produce la vinculación entre el contrato de enseñanza y el de financiación. Ello supone que si dejan de impartir las clases, el consumidor queda liberado de seguir pagando el préstamo.

Cuando optes por financiar el curso, también conviene verificar que el contrato de enseñanza no faculte al centro para la cesión o subrogación del crédito, pues esta operación no debería realizarse sin tu consentimiento.

Si pides un crédito, consulta las condiciones

El pago mediante un crédito no vinculado al contrato de enseñanza es un medio opcional. Ahora bien, si aceptas, tienes derecho a suscribir el préstamo con la entidad financiera que desees.

Para que el préstamo pueda considerarse como válido, deberás firmar un contrato por escrito que has de leer con atención antes de firmar. Debes exigir información clara y completa sobre los tipos de interés, las comisiones, los gastos de apertura, el importe de las mensualidades, los números de pagos y las fechas de abono.

Dispones de siete días para rechazar el curso

Si realizas la contratación en el local de la academia, dispones como mínimo de siete días para poder desistir del curso. Sin embargo, puede establecerse un plazo mayor en el contrato. Por ello es tan importante que leas bien las cláusulas antes de firmar.

La contratación también puede llevarse a cabo fuera del establecimiento educativo. Si vas a firmar un contrato en tu propio domicilio para recibir un curso de formación sobre cualquier materia, debes formalizarlo por escrito en doble ejemplar, fechado y firmado por ti.

Además, debe acompañarse de un documento informativo sobre cómo resolver el contrato. En él tiene que constar de forma clara y precisa al derecho de desistimiento del consumidor, así como los requisitos y consecuencias de ello.

En este caso tendrás derecho a la resolución en el plazo de siete días contados a partir de la recepción del material didáctico o del contrato firmado.

No será necesario alegar causa o justificación alguna, pero sí es conveniente dejar constancia de ello por medio de un correo certificado con acuse de recibo y devolviendo el material didáctico si se ha recibido en el domicilio.

En caso de incumplimiento, puedes darte de baja

El contrato de enseñanza puede resolverse por voluntad de cualquiera de las partes. No obstante, el ejercicio de este derecho requiere de una causa justa, como sería el incumplimiento por parte de la academia. Los tribunales han estimado demandas de consumidores afectados por publicidad engañosa, en los que las prácticas no se ofrecen pese a ser esenciales, el material didáctico es defectuoso o insuficiente, etc.

Cuando te inscribes en un curso no solo contratas el suministro de material didáctico, sino también una serie de prestaciones, como las aulas de ciertas características o profesores con una determinada cualificación.

El objeto del contrato, que en este caso es adquirir ciertos conocimientos o habilidades, no se satisface únicamente con la aportación de materiales, sino a través de la formación que presta el profesorado durante un período de tiempo determinado.

Por ello, se trata de un contrato de prestación de servicios en cuyas condiciones se integran lo publicitado y los documentos informativos previos a la contratación. A través del mismo, la academia asume la obligación de prestar el servicio de formación y el usuario se responsabiliza de pagar el precio del curso.

El centro debe suscribir el contrato con cada alumno de manera individualizada, donde se deben identificar las partes y especificar los derechos y obligaciones que se contraen. Tiene que firmarse siempre por duplicado y el alumno debe disponer de un ejemplar.

Si has financiado el curso y la academia incumple el contrato con incidencia negativa en la enseñanza, puede interesarte ir a juicio para solicitar la devolución, total o parcial, de lo abonado mediante la cancelación del crédito vinculado.

Publicidad engañosa

Las academias deben cumplir con las condiciones que anuncien en su publicidad, aunque no figuren expresamente en el contrato.

La ley establece que la oferta, promoción y publicidad, debe ajustarse a la naturaleza, características, condiciones, utilidad o finalidad del producto o servicio. Por ello es exigible su contenido, prestaciones, condiciones y garantías ofrecidas.

Tienes derecho a un título no oficial

Si has recibido un curso en una academia, tienes derecho a solicitar un boletín o certificado sobre el rendimiento y la asistencia, donde conste tu grado de aprovechamiento.

En el caso de que se expidan diplomas o certificados, debes saber que en los mismos debe constar el nombre y domicilio del centro, los datos del curso recibido: nombre y contenido, horas lectivas y prácticas, y la leyenda "*enseñanza no reglada y sin carácter oficial*". Además debe incluir tu nombre, la fecha y lugar de expedición, el sello del centro y la firma de su director.

EN RESUMEN

- *Los contenidos de los folletos publicitarios de las academias tienen el mismo valor vinculante que las cláusulas de un contrato.*
- *Es mejor escoger un curso que se pueda pagar por mensualidades, según la formación que se reciba.*
- *Si firmas un contrato, tienes derecho a anularlo en los siete días siguientes de recibir los materiales educativos.*
- *Es recomendable que el crédito quede expresamente vinculado por escrito al contrato de enseñanza.*
- *No se debe aceptar que en el contrato se faculte al centro para la cesión o subrogación del crédito, pues esta operación solo debe realizarse con tu consentimiento previo.*

Tiempo
compartido o la mal
llamada multipropiedad

Muy bonito el lugar de vacaciones, pero ¿dónde está mi apartamento?

¿Puedes disponer cada vez que quieras de un apartamento en régimen de tiempo compartido? ¿Estás invirtiendo en un bien inmueble si adquieres una residencia de tiempo compartido? ¿Puedo desistir del contrato de tiempo compartido una vez firmado? ¿Puedes vender tu parte del tiempo compartido?

El tiempo compartido o la mal llamada multipropiedad

El derecho a tiempo compartido es la facultad que tiene el titular del mismo de disfrutar en exclusiva, durante un determinado periodo al año, de un alojamiento amueblado y sus servicios complementarios, como piscinas, gimnasios, instalaciones deportivas etc.

La legislación actual ha prohibido el empleo de la denominación *régimen de multipropiedad,* dado que la utilización del término puede inducir a error. Esto se debe a que lo que se le atribuye a este concepto es un derecho de uso, y no de propiedad sobre el alojamiento que se va a ocupar temporalmente.

Este tipo de alojamiento ha de ser susceptible de utilización independiente, con salida propia a la vía pública o a un elemento común del edificio en el que estuviera integrado. Además, debe estar dotado, de manera permanente, de mobiliario adecuado y de derecho a la prestación de los servicios complementarios.

El periodo de disfrute debe estar previamente determinado

Bajo este régimen de tiempo compartido no puedes disponer del alojamiento siempre que quieras, ya que tanto el apartamento como la semana o el periodo que te corresponda, han de estar previamente determinadas.

Así, cada año puede ser ocupado por el tiempo fijado en el contrato, pero este período anual de aprovechamiento no podrá ser nunca inferior a siete días seguidos, al menos durante todos los años siguientes al de celebración del contrato y hasta la extinción del régimen de aprovechamiento por turnos.

El régimen de tiempo compartido debe tener una duración mínima de tres años y una máxima de cincuenta, siempre a partir de la fecha de inscripción en este régimen, no desde la firma del contrato. Para ello, la fecha de extinción del régimen debe aparecer también entre lo pactado.

Una residencia de tiempo compartido no es una inversión, es un bien inmueble

El régimen de aprovechamiento por turnos solo puede aplicarse a un edificio, conjunto inmobiliario o sector arquitectónicamente diferenciado. Para ello, todos los alojamientos independientes que lo integren, salvo la necesaria excepción de los locales, deben estar sometidos a dicho régimen.

Como mínimo, el conjunto debe tener diez alojamientos disponibles. No obstante, se permite que un mismo conjunto inmobiliario esté sujeto al mismo tiempo a un régimen de derechos de aprovechamiento por turnos y a otro tipo de explotación turística, siempre que los turnos recaigan sobre alojamientos concretos y para periodos determinados.

Aunque si eres titular de este derecho, puedes inscribirlo en el Registro de la Propiedad. El derecho real de este aprovechamiento no podrá, en ningún caso, vincularse a una cuota indivisa de la propiedad. Tampoco podrá denominarse *multipropiedad*, ni de cualquier otra manera que contenga la palabra propiedad.

En materia de publicidad, comercialización y transmisión de este derecho podrá utilizarse cualquier otra denominación que no induzca a confusión a los consumidores, y que del mismo se desprenda con claridad la naturaleza, características y condiciones jurídicas y económicas de su disfrute.

Los folletos publicitarios sobre tiempo compartido

El propietario, promotor o cualquier persona física o jurídica que se dedique a la transmisión de estos derechos de aprovechamiento por turnos debe emitir, de conformidad a la normativa aplicable en cada comunidad autónoma, un documento informativo o folleto que tiene el carácter de oferta vinculante.

En este folleto han de aparecer al menos, de manera clara, la persona que vende el derecho de aprovechamiento, la naturaleza real o personal de los derechos que se van a transmitir y la fecha en la que se extinguirá el régimen de aprovechamiento por turnos.

Asimismo, en la oferta debe constar la descripción del inmueble, los servicios comunes que ofrece, las instalaciones de uso común a las que se puede tener acceso o la identificación de la empresa de servicios que se hará cargo de la administración.

Por supuesto, también tiene que estar indicado el precio medio de los derechos de aprovechamiento por turnos, la información sobre el número de alojamientos susceptibles de este derecho y del número de turnos por alojamiento, además de información sobre el derecho de desistimiento que se tiene.

De igual modo, el documento de oferta ha de señalar un inventario con todos los muebles, instalaciones y ajuar con que cuente el alojamiento, y en el que conste el valor global del mismo, así como los datos de inscripción en el Registro de la Propiedad de la finca sujeta al régimen de aprovechamiento por turnos.

Lo mínimo que tiene que incluir un contrato de tiempo compartido

Como es obvio, el contrato de compra del aprovechamiento debe realizarse por escrito. Sobre el papel debe constar, además de la fecha de celebración del contrato, los datos de la escritura reguladora de este régimen, donde se indique cuál es su fecha de extincion, si el derecho transmitido es de naturaleza real o personal, la descripción del edificio y la indicación del turno que se compra.

También han de quedar reflejados datos tales como: si el edificio en el que se encuentra el alojamiento está construido o no, la relación detallada del mobiliario y enseres, el precio que se debe pagar, la cuota anual y los servicios e instalaciones comunes.

Otros conceptos que se deben detallar son, si existe o no la posibilidad de participar en servicios de intercambio de períodos de aprovechamiento, los datos del vendedor, del comprador y de la empresa de servicios; así como la duración del régimen.

Es importante que compruebes que el contrato incluya una expresión que aclare que se tiene derecho a comprobar de quién es el inmueble, y a que el contrato se otorgue en escritura pública y posteriormente se inscriba en el Registro de la Propiedad con lugar y firma.

Tanto el contrato como los documentos informativos que le acompañen deben estar redactados en una de las lenguas del Estado miembro de la Unión Europea en que residas o del que poseas la nacionalidad.

Tienes diez días para arrepentirte

No es necesario que alegues ninguna causa para desistir de la adquisición en régimen de aprovechamiento por turnos, si todavía estás dentro del plazo de diez días después de la celebración del contrato.

De hecho, si el vendedor del aprovechamiento por turnos te ha exigido que abones el precio del mismo dentro de estos diez días, y te arrepientes dentro de plazo, tienes derecho a que se te devuelva el doble de la cantidad que entregaste, porque el cobro de estos anticipos está prohibido.

Para poder desistir, deberás notificar tu decisión al vendedor en el domicilio que éste haya consignado en el contrato. Es aconsejable que lo hagas por escrito, y de forma que quede constancia de la comunicación y de su fecha de envío, como por ejemplo, mediante correo certificado con acuse de recibo, o a través de un telegrama o burofax.

Cuando coincida que el último día del plazo sea inhábil, éste quedará excluido del cómputo y se trasladará al siguiente día hábil.

Por otro lado, en el caso de que el documento informativo que te han entregado no se corresponda con el archivado en el Registro de la Propiedad, puedes resolver el contrato en un plazo de tres meses desde su firma, sin que por ello te puedan exigir el pago de pena o gasto alguno.

Una vez que hayan pasado estos plazos y condicionantes, todavía tienes otra opción para dejar de ser titular de un derecho de aprovechamiento por turnos: venderlo.

Si un año no quieres irte de vacaciones, puedes alquilarlo

Como titular de este derecho, puedes disponer libremente del mismo sin más limitaciones que las que resulten de las leyes, por lo que su transmisión no tiene por qué afectar a las obligaciones derivadas de este régimen.

EN RESUMEN

- *La denominación de "régimen de multipropiedad" está prohibida, pues puede inducir a error, ya que lo que se adquiere realmente es un derecho de uso y no de propiedad sobre el alojamiento que se va a ocupar temporalmente.*
- *El tiempo de disfrute del apartamento debe estar fijado previamente y no se puede utilizar libremente cuando el consumidor desea.*
- *Si se adquiere una residencia de tiempo compartido no se está invirtiendo en un bien inmueble.*
- *Puedes desistir de la adquisición en el plazo de diez días contados desde la fecha de celebración del contrato, sin necesidad de tener que alegar ninguna causa.*
- *El titular de un derecho de aprovechamiento por turnos podrá vender el mismo, según lo establecido en el contrato por el que lo adquirió.*

La administración

¿Te ha llegado un recibo tan antiguo que estaba en pesetas?

¿Qué puedes hacer si te cae la rama de un árbol sobre el capó de coche? ¿Han abierto un bar ruidoso bajo tu casa? ¿Tu madre se ha caído en la calle porque la alcantarilla no tenía tapadera? ¿Tu Ayuntamiento se acuerda diez años después de que tienes que pagarle un impuesto?

La conservación del mobiliario depende de la Administración

Cuando aparcas en la calle, en la vía pública, tu vehículo puede sufrir daños si se desprende una rama de un árbol o algún elemento del mobiliario urbano. Probablemente, para estos casos, tu seguro no te cubrirá el perjuicio sufrido.

Sin embargo, has de saber que puedes reclamar ante la administración de la que dependa la conservación de esos elementos. Normalmente, será la del municipio donde se haya producido el daño.

Tienes derecho a ser indemnizado por las administraciones públicas correspondientes, por toda lesión que sufra cualquiera de tus bienes y derechos, salvo en los casos de fuerza mayor, siempre que ocurra como consecuencia del funcionamiento normal o anormal de los servicios públicos.

Para ello, el daño alegado deberá ser efectivo, evaluable económicamente e individualizado.

Pide una medición de ruidos si el bar de moda no te deja dormir

Si tienes la mala suerte de que el nuevo bar de moda lo hayan ubicado justo bajo tu dormitorio y éste genera molestias graves para ti, no dudes en acudir a tu Ayuntamiento o directamente a la Policía Local, para presentar una queja.

Puedes solicitar información sobre las licencias que tiene concedidas, consultar si puede o no poner música, colocar mesas en el exterior, etc. Y por supuesto, pide que realicen en tu domicilio una medición de ruidos para comprobar si el volumen supera el permitido.

La Administración debe velar por la seguridad y el bienestar de los ciudadanos, por lo que es responsable de evitar actividades insalubres y molestas que les causen directamente perjuicios, como sucede con los ruidos.

Si acabas en urgencias por una caída, señala dónde ocurrió

Puede pasarte que, mientras vayas paseando tranquilamente, tropieces con una losa partida en la acera. Si por este percance sufres algún daño, sería conveniente que indiques claramente cuando vayas a urgencias dónde has sufrido el accidente, para que así lo refleje el informe médico que te entreguen.

Este documento debes aportarlo a la reclamación que presentes ante la administración titular de la vía pública, que casi siempre será la local. También ayudará que presentes fotografías del lugar que reflejen el deterioro del acerado que te causó el accidente, y si lo hay, que añadas la existencia de algún testigo.

Con dicha reclamación, la Administración abrirá un procedimiento de responsabilidad patrimonial que terminará, llegado el caso, con la correspondiente indemnización por los daños sufridos. Ésta deberá estar basada en los días de baja que te haya provocado, impeditivos o no, y en las secuelas que en su caso te provocara.

Si como respuesta al trámite administrativo recibes una resolución desestimatoria, podrás acudir a los tribunales contenciosos-administrativos para que sean los jueces los que resuelvan este conflicto entre tú y la Administración.

El Ayuntamiento te pretende cobrar... con diez años de atraso

No te asustes: si recibes en tu domicilio cualquier recibo de un impuesto sobre tu casa o tu vehículo con más de cuatro años de antigüedad, no estás obligado a pagarlo.

La legislación establece claramente que las obligaciones tributarias prescriben a los cuatro años, por lo que, pasado ese tiempo, la Administración competente no puede exigirte su pago.

No obstante, si recibes en tu domicilio algún requerimiento en ese sentido, debes realizar un recurso contra la correspondiente liquidación y pedir la prescripción de la misma.

No pueden embargarte nada si no te lo han notificado

Imagina que vas a consultar el saldo de tu cuenta corriente y te encuentras con que algún organismo ha embargado parte de tu dinero. Esto puede suceder porque no hayas pagado durante el periodo voluntario estipulado algún recibo, como por ejemplo, el del impuesto sobre bienes inmuebles (IBI) o el de tracción mecánica (el de circulación).

Ten presente que no pueden embargarte directamente nada de tu cuenta bancaria, porque antes de hacerlo, deben cumplir un procedimiento por el que notifiquen de forma fehaciente este cobro.

Estos avisos tienen que practicarse por cualquier medio que permita tener constancia de que lo has recibido, ya seas tú o algún representante, así como de la fecha, la identidad y el contenido del acto notificado.

Así que, si ha transcurrido el periodo de pago voluntario, tendrán que informarte de los posibles intereses de demora. Además, deberán darte un nuevo plazo para pagar o reclamar si no estás de acuerdo con lo que se te pretende cobrar.

Tienes derecho a conocer el estado de una tramitación

Como ciudadano, tienes derecho a conocer en cualquier momento el estado de la tramitación de los procedimientos en los que tengas la condición de interesado, y a obtener copia de documentos contenidos en ellos.

También tienes derecho a formular alegaciones y a aportar documentos en cualquier fase del procedimiento anterior al trámite de audiencia. Todo ello deberá ser tenido en cuenta por el órgano competente a la hora de redactar la propuesta de resolución.

Si la Administración correspondiente alarga el procedimiento, o no respeta tus derechos, es conveniente que presentes una queja ante el Defensor del Pueblo.

Este organismo controla que las entidades públicas actúen conforme a lo dispuesto en la Constitución, es decir, que sirva los intereses generales con objetividad y actúe de acuerdo con los principios de eficacia, jerarquía, desconcentración y coordinación, y con sometimiento pleno a la ley y al derecho. Está prohibida, expresamente, cualquier arbitrariedad.

EN RESUMEN

- *Tienes derecho a ser indemnizado por la Administración pública que corresponda, ante toda lesión que sufras tanto tú como cualquiera de tus bienes.*
- *La Administración debe velar por la seguridad y el bienestar de los ciudadanos.*
- *Si sufres una caída en la vía pública y resultas herido, reclama ante el organismo competente.*
- *Las obligaciones tributarias prescriben a los cuatro años, por lo que no pueden exigirte que pagues.*
- *No pueden embargarte ningún pago de tu cuenta bancaria sin haber cumplido antes con un procedimiento de notificaciones fehacientes.*

El derecho
a la protección de la salud

Me operan dentro de un año, ¡pero yo estoy malo ahora!

¿Estás enfermo y en tu centro de salud no te dan cita hasta dentro de varias semanas? ¿Llevas meses esperando a que te hagan una radiografía y no te llaman? ¿Necesitas tu historial médico para pedir una segunda opinión y tu centro sanitario no te lo da? ¿Van a operarte y no sabes muy bien en qué consistirá la intervención y qué profesional la realizará?

Enfermo, pero con derechos

Como usuario de los servicios sanitarios públicos, has de saber que tienes reconocida una serie de derechos y deberes. Son los centros sanitarios los que están obligados a facilitarte toda esta información, así como la relacionada con la oferta de servicios y prestaciones a los que puedes acceder y sus requisitos.

Por supuesto, estos datos deberán transmitirse en formatos adecuados, y que sean accesibles y comprensibles para las personas con discapacidad.

Recibir atención sanitaria en un tiempo adecuado

Como paciente, tienes derecho a **recibir atención sanitaria en un tiempo razonable**, así como a obtener, si la pides, información sobre los plazos de respuesta en consultas, pruebas diagnósticas e intervenciones quirúrgicas.

Las comunidades autónomas regulan de forma diferente los tiempos máximos garantizados para acceder a servicios tales como consultas externas de especialidades médicas, intervenciones quirúrgicas o la realización de pruebas diagnósticas.

También están regulados los mecanismos alternativos que se ofertan a los usuarios para que puedan ser atendidos en los plazos fijados. En algunos supuestos, incluso pueden derivarte a centros sanitarios privados que repercutan posteriormente el gasto a la administración sanitaria.

Reclama si no te realizan la prueba diagnóstica en plazo

Ciertas autonomías han regulado expresamente los plazos máximos para la realización de determinadas pruebas diagnósticas, así como los distintos procedimientos para exigir su cumplimiento y las alternativas que puedan permitir su realización.

Infórmate a través de los servicios de atención al usuario de tu administración sanitaria, porque en caso de que detectes un incumplimiento de la garantía ofrecida puedes interponer una reclamación.

Siempre que recurras en los plazos previstos a las vías de reclamación y propuesta de sugerencias deberás recibir respuesta por escrito, que también está sometida a un tiempo máximo para hacértela llegar.

Puedes acceder a tu historial médico

Es obligatorio para los centros sanitarios conservar toda la documentación clínica derivada de la atención y prestaciones que te hayan ofrecido, al menos durante el tiempo necesario para el seguimiento de un proceso asistencial, y como mínimo durante cinco años tras la fecha de alta. Siempre que lo necesites, no olvides que tienes derecho a acceder a tu historia clínica y a obtener una copia de los datos que figuran en ella. Para ello, los centros sanitarios deben regular el procedimiento concreto que garantice esta disponibilidad.

Antes de una operación, una buena información es esencial

Cuando necesites pasar por quirófano, tienes derecho a conocer toda la información disponible sobre la operación que te vayan a hacer. Pero ojo: también tienes derecho a que se respete tu voluntad de no ser informado.

En caso de que aceptes, los datos mínimos que debes recibir son la finalidad y la naturaleza de la intervención, pero también cuáles son sus riesgos y posibles consecuencias.

Todo ello deben hacértelo llegar de manera comprensible y adecuada a tus necesidades, con el fin de que te ayude a tomar decisiones de acuerdo a tu libre voluntad.

Los responsables de garantizar que este derecho se cumpla son, además del médico responsable de la cirugía, todos los profesionales que te atiendan durante el proceso asistencial o aquellos que vayan a aplicarte una técnica o procedimiento concreto.

Toda actuación en el ámbito de la salud necesita tu consentimiento libre y voluntario. Aunque éste suele darse de manera verbal por regla general, deberás prestarlo por escrito en casos como los de intervención quirúrgica.

Así sucede también con los procedimientos diagnósticos y terapéuticos calificados como invasores, y en general cuando te apliquen técnicas que entrañen riesgos o inconvenientes significativos y previsibles sobre tu salud. Para todos ellos, tendrás que firmar para dar tu consentimiento.

Cuando dejes el hospital, no te lleves solo la cicatriz

Una vez que hayas abandonado el centro sanitario tras una intervención quirúrgica, recuerda que tú, o un familiar o persona acreditada, tenéis derecho a recibir el informe de alta.

Con el fin del proceso asistencial, este informe debe recoger, como mínimo: tus datos como paciente, el resumen de tu historial clínico, la actividad asistencial prestada, y el diagnóstico y recomendaciones terapéuticas.

¿Y si algo falla, y el bisturí corta por lo sano?

Ante casos de mala atención, no dudes en reclamar y exigir responsabilidades. Existen varias vías para interponer una reclamación, según el tipo de irregularidad que se haya producido en el servicio o si se trata de una negligencia en el supuesto de mala praxis médica.

En todos los hospitales existe un servicio de atención al paciente o usuario ante el cual puedes presentar tu reclamación, así como informarte de los procedimientos que siguen para su tramitación y los plazos que tienen para ofrecerte una respuesta. Si ésta no es satisfactoria o no se produce en el plazo comunicado, puedes acudir a la administración sanitaria competente. El procedimiento más habitual para reclamar una negligencia médica es a través de una reclamación de carácter patrimonial dirigida a la Administración sanitaria.

Es la vía administrativa común para reclamar todo daño que el funcionamiento normal o anormal de los servicios públicos cause a un ciudadano.

Del médico al juzgado, si fuera necesario

La reclamación por responsabilidad patrimonial mencionada debes presentarla, como máximo, en el plazo de un año desde que se manifieste el daño, desde la curación o, desde que sea posible determinar el alcance de las secuelas producidas por la mala praxis.

Para hacerla efectiva, debes trasladarla mediante un escrito en el que narres los hechos ocurridos y las lesiones sufridas, así como la relación entre estas lesiones y el funcionamiento anormal del servicio sanitario. Si es posible, incorpora también una valoración económica de los daños y secuelas producidos.

Puedes acompañar al escrito todas las pruebas e informaciones que se consideres oportunas para acreditar tanto los hechos como el perjuicio causado y su cuantificación económica. Si en seis meses desde su interposición no has recibido respuesta expresa, puedes entender que la Administración es contraria a reconocer su responsabilidad y a indemnizarte.

Desde ese momento, puedes acudir ante los tribunales de justicia y presentar un recurso contencioso-administrativo en el que exijas responsabilidades y el resarcimiento de los daños y perjuicios causados.

EN RESUMEN

- *Los centros sanitarios están obligados a informarte sobre los servicios y prestaciones sanitarias a los que puedes acceder.*
- *Tienes derecho a recibir atención sanitaria en un tiempo adecuado e información sobre sus plazos y garantías.*
- *Si sufres un incumplimiento de los plazos para ser atendido, puedes reclamar y exigir una respuesta.*
- *Como paciente, tienes derecho a acceder a tu historia clínica y a obtener copia de los datos que en ella se contienen.*
- *El médico responsable de tu operación está obligado a facilitarte toda la información disponible sobre la intervención, sus riesgos y consecuencias de manera clara y comprensible.*
- *Ante una deficiente atención sanitaria, reclama para defender tus derechos y exigir el resarcimiento del daño causado.*